Dr. Oetker

MODE TORTEN

Bassermann

Vorwort

In diesem Buch erwarten Sie kreative, überraschende Genüsse, sahnige Highlights, Torten mit Schwips oder auch Hits für Kids – oft erprobt, aber selten dokumentiert. Außerdem zeigen wir Möglichkeiten auf, wie Sie tolle Torten backen können, ohne zu backen.

Alle Rezepte wurden von uns nachgebacken, überprüft und so beschrieben, daß sie garantiert gelingen.

Abkürzungen

EL	= Eßlöffel
TL	= Teelöffel
Msp.	= Messerspitze
Pck.	= Packung/Päckchen
g	= Gramm
kg	= Kilogramm
ml	= Milliliter
l	= Liter
evtl.	= eventuell
geh.	= gehäuft
gestr.	= gestrichen
TK	= Tiefkühlprodukt
°C	= Grad Celsius
Ø	= Durchmesser
E	= Eiweiß
F	= Fett
Kh	= Kohlenhydrate
kcal	= Kilokalorien
kJ	= Kilojoule

Hinweise zu den Rezepten

Bitte beachten Sie bei der Einstellung des Backofens die Gebrauchsanweisung des Herstellers.

Für Tortenfüllungen und -beläge, die mit rohen Eiern zubereitet werden, nur ganz frische Eier verwenden, die nicht älter als 5 Tage sind (Legedatum beachten). Die fertige Torte im Kühlschrank aufbewahren und innerhalb von 24 Stunden verzehren.

Aufgetaute und wieder eingefrorene Eiscreme können Sie nicht noch einmal einfrieren und sollten Sie möglichst innerhalb eines Tages verwenden.

Zubereitungszeiten

Die Zubereitungszeit beinhaltet nur die Zeit für die eigentliche Zubereitung, die Backzeiten sind gesondert ausgewiesen. Längere Wartezeiten wie z. B. Kühlzeiten sind ebenfalls nicht einbezogen.

Kapitelübersicht

Freche Früchtchen

Kann es eine köstlichere Art und Weise geben, Erdbeere, Apfel, Mandarine & Co. zu vernaschen?

Mars-Birnen-Torte

Zubereitungszeit: 50 Min., ohne Kühlzeit
Backzeit: etwa 45 Min.

Insgesamt:
E: 72 g, F: 245 g, Kh: 489 g, kJ: 22802, kcal: 5449

Für die Mars-Sahne:
- **600 ml Schlagsahne**
- **3 Riegel Mars (à 60 g)**
- **2 Pck. Sahnesteif**

Für den Rührteig:
- **75 g Butter oder Margarine**
- **125 g Zucker**
- **1 Pck. Vanillin-Zucker**
- **3 Eier (Größe M)**
- **1 Pck. Geriebene Zitronenschale**
- **100 g Weizenmehl**
- **1 gestr. TL Backpulver**
- **50 g abgezogene, gemahlene Mandeln**

Für den Belag:
- **1 Dose Birnenhälften (850 ml)**
- **3 kleine Riegel Mars (à 20 g)**

1 Für die Mars-Sahne die Sahne mit den Mars-Riegeln aufkochen, bis diese geschmolzen sind. Die Masse in eine Rührschüssel umfüllen, mit Klarsichtfolie abdecken und über Nacht kalt stellen.

2 Für den Rührteig Butter oder Margarine mit Handrührgerät mit Rührbesen auf höchster Stufe geschmeidig rühren. Nach und nach Zucker und Vanillin-Zucker unterrühren, so lange rühren, bis eine gebundene Masse entstanden ist. Eier nach und nach unterrühren (jedes Ei etwa 1/2 Minute). Zitronenschale unterrühren.

3 Mehl mit Backpulver mischen, sieben und portionsweise auf mittlerer Stufe unterrühren. Mandeln unterrühren. Teig in eine Springform (Ø 26 cm, Boden gefettet) füllen.

(Fortsetzung Seite 6)

4 Für den Belag die Birnen auf einem Sieb abtropfen lassen, in Spalten schneiden und auf dem Teig verteilen (12 Birnenspalten zurücklassen). Die Form auf dem Rost in den Backofen schieben.

Ober-/Unterhitze:
etwa 180 °C (vorgeheizt)
Heißluft: etwa 160 °C
(nicht vorgeheizt)
Gas: etwa Stufe 3
(nicht vorgeheizt)
Backzeit: etwa 45 Min.

5 Den Boden aus der Form lösen, auf einem Kuchenrost erkalten lassen. Mars-Sahne mit Sahnesteif steif schlagen und kuppelartig auf den Boden streichen. Die Torte mit in Scheiben geschnittenen Mars-Riegeln und Birnenspalten garnieren.

Frau-Holle-Torte

Zubereitungszeit: 35 Min.
Backzeit: etwa 45 Min.

Insgesamt:
E: 52 g, F: 160 g, Kh: 391 g, kJ: 13961, kcal: 3335

Für den Knetteig:
- **200 g Weizenmehl**
- **1 gestr. TL Backpulver**
- **100 g Zucker**
- **1 Pck. Vanillin-Zucker**
- **1 Eigelb (Größe M)**
- **1 Ei (Größe M)**
- **100 g Butter**
- **1 EL Weizenmehl**

Für den Belag:
- **500 g Apfelmus**
- **100 g gemahlene Haselnußkerne**
- **75 g abgetropfte Preiselbeeren (aus dem Glas)**

Für die Wölkchen:
- **1 Eiweiß (Größe M)**
- **50 g gesiebter Puderzucker**

1 Mehl mit Backpulver mischen und in eine Rührschüssel sieben. Zucker, Vanillin-Zucker, Eigelb, Ei und Butter hinzufügen, alles mit Handrührgerät mit Knethaken kurz auf niedrigster, dann auf höchster Stufe durcharbeiten.

2 Anschließend auf der bemehlten Arbeitsfläche zu einem glatten Teig verkneten. Sollte er kleben, ihn eine Zeitlang kalt stellen. Zwei Drittel des Teiges auf einem gefetteten Springformboden (Ø 26 cm) ausrollen, mit einer Gabel mehrmals einstechen. Den Springformrand darumlegen.

3 Unter den restlichen Teig den Eßlöffel Mehl kneten, zu einer Rolle formen, diese als Rand auf den Teigboden legen. Die Rolle so an die Form drükken, daß ein ca. 3 cm hoher Rand entsteht. Die Form auf dem Rost in den Backofen schieben.

Ober-/Unterhitze:
200–220 °C (vorgeheizt)
Heißluft: 180–200 °C (vorgeheizt)
Gas: Stufe 3–4 (vorgeheizt)
Backzeit: etwa 20 Min.

4 Den Boden in der Form auskühlen lassen. Für den Belag Apfelmus, Haselnußkerne und Preiselbeeren vermischen und gleichmäßig auf den Teigboden streichen.

5 Für die Wölkchen Eiweiß steif schlagen, Puderzucker nach und nach unterschlagen. Eischnee in einen Spritzbeutel mit kleiner Lochtülle füllen, als kleine Wölkchen auf den Belag spritzen. Torte nochmals in den Backofen schieben.

Ober-/Unterhitze:
etwa 160 °C (vorgeheizt)
Heißluft: etwa 140 °C (vorgeheizt)
Gas: Stufe 2–3 (vorgeheizt)
Backzeit: etwa 25 Min.

Schneeflöckchen-Torte

Zubereitungszeit: 45 Min.
Backzeit: 20–25 Min.

Insgesamt:
E: 83 g, F: 323 g, Kh: 533 g, kJ: 23109, kcal: 5516

Für den Biskuitteig:

- **2 Eier (Größe M)**
- **2–3 EL heißes Wasser**
- **100 g Zucker**
- **1 Pck. Vanillin-Zucker**
- **75 g Weizenmehl**
- **50 g Speisestärke**
- **1 gestr. TL Backpulver**

Für die Vanille-Kokos-Creme:

- **1 1/2 Pck. Pudding-Pulver Vanille-Geschmack**
- **75 g Zucker**
- **500 ml (1/2 l) Milch**
- **200 g Butter**
- **250 g Speisequark**
- **150 g Kokosraspel**

- **2 EL Aprikosenkonfitüre**

Für den Belag:

- **1 Dose Aprikosen (Abtropfgewicht 480 g)**
- **100 g halbierte Cocktailkirschen (aus dem Glas)**

- **Kokosrapel oder gehackte Pistazienkerne**

1 Für den Biskuitteig Eier und Wasser mit Handrührgerät mit Rührbesen auf höchster Stufe in 1 Minute schaumig schlagen. Zucker und Vanillin-Zucker mischen, in 1 Minute einstreuen, dann noch etwa 2 Minuten schlagen.

2 Mehl mit Speisestärke und Backpulver mischen, die Hälfte davon auf die Eiercreme sieben und kurz auf niedrigster Stufe unterrühren. Den Rest des Mehlgemisches auf dieselbe Weise unterarbeiten. Den Teig in eine Springform (Ø 28 cm, Boden gefettet, mit Backpapier belegt) füllen. Die Form sofort auf dem Rost in den Backofen schieben.

Ober-/Unterhitze:
180–200 °C (vorgeheizt)
Heißluft: 160–180 °C (vorgeheizt)
Gas: Stufe 3–4 (vorgeheizt)
Backzeit: 20–25 Min.

3 Den Boden aus der Form lösen, auf einen mit Backpapier belegten Kuchenrost stürzen und erkalten lassen. Das mitgebackene Backpapier abziehen.

4 Für die Vanille-Kokos-Creme aus Pudding-Pulver, Zucker und Milch einen Pudding nach Packungsaufschrift – aber mit den hier angegebenen Zutaten – zubereiten. Butter unterrühren und den Pudding abkühlen lassen, dabei ab und zu umrühren.

5 Quark und Kokosraspel unter den Pudding rühren. Den Biskuitboden mit Aprikosenkonfitüre bestreichen.

6 Für den Belag Aprikosen auf einem Sieb abtropfen lassen und mit Küchenpapier trockentupfen. Einige Aprikosen zum Garnieren zurücklassen.

7 In jede Vertiefung der Aprikosen eine Kirschhälfte geben und die gefüllten Aprikosen mit der Schnittfläche nach unten gleichmäßig auf dem Biskuitboden verteilen. Die Vanille-Kokos-Creme darauf streichen.

8 Die Tortenoberfläche mit Kokosraspeln bestreuen. Die zurückgelassenen Aprikosen in Kokosraspeln oder Pistazien wälzen und die Torte damit garnieren.

Apfel-Milchreis-Torte

Zubereitungszeit: 50 Min., ohne Quell- und Kühlzeit
Backzeit: 15–20 Min.

Insgesamt:
E: 131 g, F: 425 g, Kh: 532 g, kJ: 28035, kcal: 6696

Für den Rührteig:

- **250 g Butter**
- **125 g Zucker**
- **1 Pck. Bourbon-Vanille-Zucker**
- **5 Eier (Größe M)**
- **175 g Weizenmehl**
- **25 g Speisestärke**
- **2 gestr. TL Backpulver**
- **75 g aufgelöste Zartbitterkuvertüre**

Für die Füllung:

- **3 Äpfel, z. B. Elstar (etwa 450 g)**
- **500 ml (1/2 l) Milch**
- **1 Prise Salz**
- **50 g Zucker**
- **1 Pck. Geriebene Zitronenschale**
- **75 g Milchreis**
- **3 Blatt weiße Gelatine**
- **400 ml Schlagsahne**
- **1 Msp. gemahlener Zimt**

- **etwa 100 ml Schlagsahne**
- **1 Apfel, z. B. Elstar**
- **1 EL Zitronensaft**
- **50 g Halbbitter-Kuvertüre**

1 Die Butter mit Handrührgerät mit Rührbesen auf höchster Stufe geschmeidig rühren. Nach und nach Zucker und Vanille-Zucker unterrühren, so lange rühren, bis eine gebundene Masse entstanden ist. Eier nach und nach unterrühren (jedes Ei etwa 1/2 Minute).

2 Mehl, Speisestärke und Backpulver mischen, sieben und portionsweise auf mittlerer Stufe unterrühren. Die aufgelöste Kuvertüre hinzufügen und unterrühren.

3 Einen eckigen Backrahmen (27 x 27 cm) auf ein mit Backpapier belegtes Backblech stellen, den Teig einfüllen und glattstreichen. Das Backblech in den Backofen schieben.

Ober-/Unterhitze:
etwa 180 °C (vorgeheizt)
Heißluft: etwa 160 °C (vorgeheizt)
Gas: etwa Stufe 3 (vorgeheizt)
Backzeit: 15–20 Min.

4 Den Backrahmen entfernen, das Gebäck mit Papier auf einen Kuchenrost ziehen und erkalten lassen. Kuchen vom Papier lösen und einmal waagerecht durchschneiden. Den gesäuberten Rahmen wieder um den unteren Boden stellen.

5 Für die Füllung Äpfel schälen, vierteln, entkernen, in Spalten schneiden und in etwas Wasser kurz dünsten. Die Äpfel erkalten lassen.

6 Die Milch mit Salz, Zucker und Zitronenschale zum Kochen bringen. Milchreis unter Rühren einstreuen, kurz aufkochen und 40 Minuten ausquellen lassen. Gelatine nach Packungsaufschrift einweichen, ausdrücken und unter den heißen Milchreis rühren. Die Masse erkalten lassen.

7 Sahne steif schlagen und mit Zimt und den gedünsteten Apfelspalten unterheben. Die Hälfte der Masse auf dem unteren Boden glattstreichen, den oberen Boden darauf legen und die restliche Reismasse darauf glattstreichen. Die Torte etwa 2 Stunden kalt stellen. Den Backrahmen lösen.

8 Sahne steif schlagen und Tortenrand und -oberfläche damit bestreichen. Apfel waschen, vierteln, entkernen, in Spalten schneiden und mit Zitronensaft bestreichen. Die Apfelspalten flach auf ein Stück Backpapier legen, mit aufgelöster Kuvertüre besprenkeln und auf die Torte legen.

Nuss-Nougatcreme-Torte

Zubereitungszeit: 50 Min., ohne Kühlzeit
Backzeit: 35–40 Min.

Insgesamt:
E: 99 g, F: 217 g, Kh: 529 g, kJ: 19364, kcal: 4625

- **1 Glas Sauerkirschen (370 g Abtropfgewicht)**

Für den Rührteig:

- **125 g Butter oder Margarine**
- **125 g Zucker**
- **1 Pck. Vanillin-Zucker**
- **3 Eier (Größe M)**
- **250 g Weizenmehl**
- **2 gestr. TL Backpulver**
- **3 EL Nuß-Nougatcreme**
- **1 EL Milch**

Für den Belag:

- **3 Blatt weiße Gelatine**
- **250 g Magerquark**
- **50 g Zucker**
- **2 Pck. Vanillin-Zucker**
- **250 ml (1/4 l) Schlagsahne**

Für den Guß:

- **1 Pck. Tortenguß, klar**
- **250 ml (1/4 l) Kirschsaft**

1 Die Sauerkirschen auf einem Sieb abtropfen lassen, den Saft dabei auffangen und 250 ml (1/4 l) abmessen.

2 Für den Rührteig Butter oder Margarine mit Handrührgerät mit Rührbesen auf höchster Stufe geschmeidig rühren. Nach und nach Zucker und Vanillin-Zucker unterrühren, so lange rühren, bis eine gebundene Masse entstanden ist.
Eier nach und nach unterrühren (jedes Ei etwa 1/2 Minute).

3 Mehl mit Backpulver mischen, sieben und portionsweise auf mittlerer Stufe unterrühren. 2/3 des Teiges in eine Springform (Ø 26 cm, Boden gefettet) füllen. Die Sauerkirschen darauf verteilen, dabei etwa 1 cm am Rand frei lassen.

4 Das restliche Teigdrittel mit Nuß-Nougatcreme und Milch verrühren, auf die Kirschen geben und glattstreichen. Die Form auf dem Rost in den Backofen schieben.

Ober-/Unterhitze:
etwa 180 °C (vorgeheizt)
Heißluft: etwa 160 °C
(nicht vorgeheizt)
Gas: Stufe 3–4 (nicht vorgeheizt)
Backzeit: 35–40 Min.

5 Den Boden aus der Form lösen und auf einem Kuchenrost erkalten lassen.

6 Für den Belag Gelatine nach Packungsaufschrift einweichen. Quark mit Zucker und Vanillin-Zucker verrühren. Die Gelatine ausdrücken, auflösen und unter die Quarkmasse rühren.

7 Sahne steif schlagen und vorsichtig unter die Quarkmasse rühren. Die Sahne-Quark-Masse leicht kuppelartig auf den Boden streichen. Die Torte etwa 60 Minuten kalt stellen.

8 Für den Guß Tortenguß mit dem Kirschsaft nach Packungsaufschrift zubereiten, nach und nach portionsweise auf der Quark-Sahne-Masse verteilen, dabei die untere Schicht vor dem Auftragen der nächsten kurz anziehen lassen.

Tips:
Anstelle der Nuß-Nougatcreme kann auch aufgelöstes Nuß-Nougat verwendet werden. Nach Belieben mit dem breiten Ende einer Spritztülle Ringe in die fest gewordene Quark-Sahne-Masse drücken und erst dann den Guß darauf verteilen.

Tränchentorte

Zubereitungszeit: 50 Min.
Backzeit: etwa 70 Min.

Insgesamt:
E: 118 g, F: 176 g, Kh: 574 g, kJ: 18810, kcal: 4491

Für den Knetteig:
- **150 g Weizenmehl**
- **1 gestr. TL Backpulver**
- **75 g Zucker**
- **1 Pck. Vanillin-Zucker**
- **1 Ei (Größe M)**
- **50 g Butter**

Für den Belag:
- **1 Dose Mandarinen (Abtropfgewicht 285 g)**
- **500 g Magerquark**
- **150 g Zucker**
- **1 Pck. Vanillin-Zucker**
- **3 Eigelb (Größe M)**
- **1 Pck. Pudding-Pulver Vanille-Geschmack**
- **100 ml Speiseöl**
- **3 TL Zitronensaft**
- **250 ml (1/4 l) Milch**

Für die Baisermasse:
- **3 Eiweiß (Größe M)**
- **100 g feinkörniger Zucker**

1 Für den Knetteig Mehl und Backpulver mischen und in eine Rührschüssel sieben. Zucker, Vanillin-Zucker, Ei und Butter hinzufügen. Die Zutaten mit Handrührgerät mit Knethaken zunächst kurz auf niedrigster, dann auf höchster Stufe gut durcharbeiten.

2 Anschließend auf der bemehlten Arbeitsfläche zu einem glatten Teig verkneten, sollte er kleben, ihn eine Zeitlang kalt stellen. 2/3 des Teiges auf dem gefetteten Boden einer Springform (Ø 26 cm) ausrollen und mehrmals mit einer Gabel einstechen.

3 Den Springformrand um den Boden legen. Den Rest des Teiges zu einer Rolle formen, sie als Rand auf den Boden legen und so an die Form drükken, daß ein etwa 3 cm hoher Rand entsteht.

4 Für den Belag Mandarinen auf einem Sieb gut abtropfen lassen. Quark, Zukker, Vanillin-Zucker, Eigelb, Pudding-Pulver, Öl, Zitronensaft und Milch verrühren. Die abgetropften Mandarinen unter die Quarkmasse heben, in die Springform füllen und glattstreichen. Die Form auf dem Rost in den Backofen schieben.

Ober-/Unterhitze:
etwa 180 °C (vorgeheizt)
Heißluft: etwa 160 °C
(nicht vorgeheizt)
Gas: etwa Stufe 3
(nicht vorgeheizt)
Backzeit: etwa 60 Min.

5 Für die Baisermasse Eiweiß mit Zucker steif schlagen. Die Torte nach Beendigung der Backzeit aus dem Backofen nehmen, die Baisermasse darauf streichen und die Torte auf der oberen Einschubleiste noch etwa 10 Minuten bei der oben angegebenen Temperatur backen, bis die Baisermasse Farbe angenommen hat.

6 Die Torte aus der Form lösen und auf einem Kuchenrost erkalten lassen. Die „Tränchen" bilden sich erst, wenn die Torte richtig ausgekühlt ist.

Tip:
Anstelle der Mandarinen Aprikosen verwenden. Dazu den Inhalt einer kleinen Dose auf einem Sieb abtropfen lassen und klein schneiden.

Valencia-Torte

Zubereitungszeit: 60 Min., ohne Kühlzeit
Backzeit: 70–80 Min.

Insgesamt:
E: 80 g, F: 298 g, Kh: 301 g, kJ: 18362, kcal: 4389

Für den Knetteig:
- **125 g Weizenmehl**
- **1 EL Zucker**
- **1 Pck. Vanillin-Zucker**
- **½ Pck. Orangenfrucht**
- **1 Eigelb (Größe M)**
- **75 g Butter**

Für das Mandelbaiser:
- **2 Eiweiß (Größe M)**
- **75 g gesiebter Puderzucker**
- **100 g unabgezogene, gemahlene Mandeln**

Für die Füllung:
- **3 Blatt weiße Gelatine**
- **2 Eier (Größe M)**
- **1 Eigelb (Größe M)**
- **50 g Zucker**
- **100 ml Orangensaft**
- **½ Pck. Orangenfrucht**
- **40 g weiche Butter**
- **200 ml Schlagsahne**

- **3 Blatt weiße Gelatine**
- **200 ml Orangensaft**
- **200 ml Schlagsahne**
- **1 Pck. Sahnesteif**
- **einige Orangenfilets**

1 Mehl in eine Rührschüssel sieben. Restliche Zutaten hinzufügen, mit Handrührgerät mit Knethaken kurz auf niedrigster, dann auf höchster Stufe gut durcharbeiten.

2 Anschließend auf einer bemehlten Arbeitsfläche zu einem glatten Teig verkneten. Sollte er kleben, ihn eine Zeitlang kalt stellen. Teig auf einem gefetteten Springformboden (Ø 22 cm) ausrollen, mit einer Gabel mehrmals einstechen. Den Springformrand darumlegen.

Ober-/Unterhitze: etwa 200 °C (vorgeheizt)
Heißluft: etwa 180 °C (vorgeheizt)
Gas: Stufe 3–4 (vorgeheizt)
Backzeit: etwa 20 Min.

3 Den Boden sofort nach dem Backen lösen, nach dem Erkalten auf die Tortenplatte legen. Den Tortenring darumlegen.

4 Eiweiß steif schlagen. Puderzucker nach und nach unterschlagen. Mandeln unterheben. Die Baisermasse in eine Springform (Ø 22 cm, Boden gefettet, mit Backpapier belegt) füllen und glattstreichen.

Ober-/Unterhitze: etwa 160 °C (vorgeheizt)
Heißluft: 140 °C (nicht vorgeheizt)
Gas: Stufe 2–3 (nicht vorgeheizt)
Backzeit: 50–60 Min.

5 Den Baiserboden vom Springformrand lösen, in der Form erkalten lassen und mit einem Messer vom Backpapier lösen. Für die Füllung Gelatine nach Packungsaufschrift einweichen. Eier, Eigelb, Zucker, Orangensaft und Orangenfrucht unter Rühren erhitzen, bis die Masse dicklich wird. Die ausgedrückte Gelatine darin auflösen. Butter unterrühren und die Creme erkalten lassen. Sobald sie dicklich wird, steifgeschlagene Sahne unterziehen.

6 ⅔ der Creme auf den Knetteigboden streichen. Baiserboden darauf legen, mit restlicher Creme bestreichen. 2 Stunden kalt stellen.

7 Gelatine nach Packungsaufschrift einweichen, auflösen, mit Orangensaft verrühren und einige Minuten stehen lassen. Auf die Torte geben und fest werden lassen.

8 Sahne mit Sahnesteif steif schlagen. Tortenring lösen, Tortenrand mit ⅔ der Sahne bestreichen. Torte mit Sahne und Orangenfilets dekorieren.

Hits für Kids

Hier sind die neuen und peppigen Rezepte, die nicht nur auf Kindergeburtstagen ein großes Hallo auslösen werden.

Ü-Eier-Kranz

Zubereitungszeit: 45 Min.
Backzeit: 35–40 Min.

Insgesamt:
E: 68 g, F: 323 g, Kh: 496 g, kJ: 22220, kcal: 5307

Für den Rührteig:
- **100 g Butter oder Margarine**
- **150 g Zucker**
- **1 Pck. Vanillin-Zucker**
- **3 Eier (Größe M)**
- **150 g Weizenmehl**
- **50 g Speisestärke**
- **1 gestr. TL Backpulver**

Für die Füllung:
- **1 Pck. Pudding-Pulver Vanille-Geschmack**
- **50 g Zucker**
- **500 ml (1/2 l) Milch**
- **Schokolade von 4 Ü-Eiern**
- **200 g Butter**

- **6 Ü-Eier-Schokolade-Hälften**
- **geriebene Schokolade**

1 Für den Rührteig Butter oder Margarine mit Handrührgerät mit Rührbesen auf höchster Stufe geschmeidig rühren. Nach und nach Zucker und Vanillin-Zucker unterrühren, so lange rühren, bis eine gebundene Masse entstanden ist. Eier nach und nach unterrühren (jedes Ei etwa 1/2 Minute).

2 Mehl, Speisestärke und Backpulver mischen, sieben und auf mittlerer Stufe unterrühren. Den Teig in eine gefettete Kranzform (Ø 20 cm) geben. Die Form auf dem Rost in den Backofen schieben.

Ober-/Unterhitze: etwa 180 °C (vorgeheizt)
Heißluft: etwa 160 °C (nicht vorgeheizt)
Gas: etwa Stufe 3 (nicht vorgeheizt)
Backzeit: 35–40 Min.

3 Den Kranz etwa 10 Minuten in der Form stehen lassen, dann auf einen Kuchenrost stürzen und erkalten lassen. Den erkalteten Kranz zweimal waagerecht durchschneiden.

(Fortsetzung Seite 20)

4 Für die Füllung aus Pudding-Pulver, Zucker und Milch nach Packungsaufschrift einen Pudding zubereiten. Schokolade zerkleinern und in dem heißen Pudding auflösen. Pudding sofort mit Klarsichtfolie bedecken und erkalten lassen.

5 Butter geschmeidig rühren und den Pudding eßlöffelweise daruntergeben. Den Kranz mit der Buttercreme füllen und bestreichen (2 Eßlöffel der Creme in einen Spritzbeutel mit Lochtülle füllen).

6 Den Ü-Eier-Kranz mit der zurückgelassenen Buttercreme aus dem Spritzbeutel verzieren, mit den Ü-Eier-Hälften garnieren und mit geriebener Schokolade bestreut servieren.

Cini-Mini-Torte

Zubereitungszeit: 45 Min., ohne Kühlzeit

Insgesamt:
E: 46 g, F: 267 g, Kh: 335 g, kJ: 17081, kcal: 4083

Für den Boden:
- **150 g Cini-Minis (Zimt-Flakes)**
- **150 g Butter**

Für die Creme:
- **1 Glas Sauerkirschen (Abtropfgewicht 370 g)**
- **6 Blatt weiße Gelatine**
- **500 g Vollmilchjoghurt**
- **Saft einer Zitrone**
- **50 g Zucker**
- **1 Pck. Vanillin-Zucker**
- **200 ml Schlagsahne**

- **200 ml Schlagsahne**
- **1 Pck. Sahnesteif**
- **2 EL Cini-Minis (Zimt-Flakes)**

1 Die Cini-Minis in einen Gefrierbeutel füllen, den Beutel verschließen, mit einer Teigrolle fein zerdrücken und in eine Schüssel geben. Die Butter zerlassen, zu den Bröseln geben und gut verrühren.

2 Einen eckigen Backrahmen (21 x 23 cm) auf eine Tortenplatte stellen (oder Boden und Rand einer rechteckigen Auflaufform in der angegebenen Größe mit Backpapier auslegen). Die Masse einfüllen, verteilen und fest andrücken.

3 Für die Creme Sauerkirschen auf einem Sieb abtropfen lassen. Gelatine nach Packungsaufschrift einweichen. Joghurt mit Zitronensaft, Zucker und Vanillin-Zucker verrühren. Die Gelatine ausdrücken, auflösen und unter den Joghurt rühren.

4 Die abgetropften Sauerkirschen unter die Joghurtmasse heben. Sobald die Masse anfängt dicklich zu werden, Sahne steif schlagen und unterheben. Die Joghurt-Kirsch-Creme auf den Boden geben und glattstreichen. Die Torte etwa 3 Stunden kalt stellen.

5 Den Backrahmen entfernen (oder die Torte aus der Form lösen und das Backpapier entfernen). Sahne mit Sahnesteif steif schlagen und in einen Spritzbeutel mit runder Tülle füllen. Die Torte damit verzieren und mit Cini-Minis garnieren.

■ Tips:
Nach Belieben können anstelle der Sauerkirschen auch andere Obstsorten verwendet werden. Die Torte kann auch in einer Springform (Ø 24 cm) zubereitet werden.

Muffinstorte

Zubereitungszeit: 40 Min., ohne Kühlzeit
Backzeit: 30–35 Min.

Insgesamt:
E: 53 g, F: 294 g, Kh: 400 g, kJ: 19235, kcal: 4596

Für den Rührteig:

- **125 ml (1/8 l) Speiseöl**
- **125 g Zucker**
- **1 Pck. Vanillin-Zucker**
- **1 Prise Salz**
- **1 Pck. Orangenfrucht**
- **1 Ei (Größe M)**
- **225 g Weizenmehl**
- **2 gestr. TL Backpulver**
- **125 ml (1/8 l) Milch**

- **etwa 2 EL Heidelbeerkonfitüre**

Für die Füllung:

- **6 Blatt weiße Gelatine**
- **500 ml (1/2 l) Schlagsahne**
- **1 Pck. Vanillin-Zucker**
- **2 EL Zitronensaft**
- **2–3 EL Heidelbeerkonfitüre**

1 Für den Rührteig Speiseöl in eine Rührschüssel geben. Nach und nach Zucker, Vanillin-Zucker, Salz und Orangenfrucht mit Handrührgerät mit Rührbesen unterrühren, so lange rühren, bis eine gebundene Masse entstanden ist. Das Ei unterrühren (etwa 1/2 Minute).

2 Mehl mit Backpulver mischen, sieben und abwechselnd portionsweise mit Milch auf mittlerer Stufe unterrühren.

3 Gut die Hälfte des Teiges in eine Springform (Ø 24 cm, Boden gefettet) füllen und glattstreichen. Die Form auf dem Rost in den Backofen schieben.

Ober-/Unterhitze:
etwa 200 °C (vorgeheizt)
Heißluft: etwa 180 °C (vorgeheizt)
Gas: etwa Stufe 4 (vorgeheizt)
Backzeit: 15–20 Min.

4 Den Boden aus der Form lösen und auf einem Kuchenrost erkalten lassen. Den erkalteten Boden auf eine Tortenplatte legen und einen Tortenring oder den gesäuberten Springformrand (evtl. mit Backpapier ausgelegt) darumlegen.

5 Den restlichen Teig in 10 Papierbackförmchen füllen und die Heidelbeerkonfitüre darauf verteilen. Die Förmchen auf dem Backblech in den Backofen schieben und bei der oben angegebenen Temperatur etwa 15 Minuten backen.

6 Für die Füllung Gelatine nach Packungsaufschrift einweichen. Sahne fast steif schlagen. Gelatine ausdrücken, auflösen, mit Vanillin-Zucker und Zitronensaft unter die Sahne rühren und die Sahne vollkommen steif schlagen. Die Hälfte der Sahne in einen Spritzbeutel mit gezackter Tülle füllen. Die Heidelbeerkonfitüre vorsichtig unter die restliche Sahne heben, auf den Boden geben und glattstreichen.

7 10 große Sahneringe auf die Torte spritzen. Die Muffins aus dem Papier lösen, in die Sahneringe setzen und etwas andrücken. Mit der restlichen Sahne verzieren und etwa 2 Stunden kalt stellen.

Tip:
Damit die Muffins beim Backen nicht zu sehr auseinanderlaufen, jeweils 2 Papierbackförmchen ineinanderstellen oder sie in einem Muffins-Backblech backen.

Toffifee-Torte

Zubereitungszeit: 50 Min.
Backzeit: 25–30 Min.

Insgesamt:
E: 72 g, F: 275 g, Kh: 318 g, kJ: 17428, kcal: 4164

Für den Biskuitteig:
- **100 g Löffelbiskuits**
- **100 g gemahlene Haselnußkerne**
- **3 Eiweiß (Größe M)**
- **150 g Zucker**
- **3 Eigelb (Größe M)**
- **25 g Weizenmehl**
- **1 gestr. TL Backpulver**

Für die Füllung:
- **5 Blatt weiße Gelatine**
- **10 Toffifees**
- **500 ml (1/2 l) Schlagsahne**
- **1 Pck. Instant-Trinkschokoladen-Pulver (22 g)**

Zum Bestreichen:
- **1 EL Zucker**
- **2 EL Wasser**
- **30 g Aprikosenkonfitüre**

- **14 Toffifees**

1 Für den Teig Löffelbiskuits in einen Gefrierbeutel geben, den Beutel verschließen und die Löffelbiskuits mit einer Teigrolle zerdrücken. Haselnußkerne in einer Pfanne ohne Fett anrösten.

2 Eiweiß mit der Hälfte des Zuckers steif schlagen. Eigelb mit dem restlichen Zucker mit Handrührgerät mit Rührbesen etwa 4 Minuten cremig schlagen. Das steifgeschlagene Eiweiß daraufgeben und unterheben.

3 Mehl mit Backpulver mischen, sieben, Löffelbiskuitbrösel und Haselnußkerne vorsichtig unterheben. Den Teig in eine Springform (Ø 24 cm, Boden gefettet, mit Backpapier belegt) füllen. Die Form auf dem Rost in den Backofen schieben und sofort backen.

Ober-/Unterhitze:
etwa 170 °C (vorgeheizt)
Heißluft: 150 °C (vorgeheizt)
Gas: Stufe 2–3 (vorgeheizt)
Backzeit: 25–30 Min.

4 Den Boden aus der Form lösen, auf einen mit Backpapier belegten Kuchenrost stürzen, das mitgebackene Backpapier abziehen und den Boden erkalten lassen. Den erkalteten Boden einmal waagerecht durchschneiden.

5 Für die Füllung Gelatine nach Packungsaufschrift einweichen. Toffifees fein hacken. Gelatine ausdrücken und auflösen. Die Sahne fast steif schlagen, Gelatinelösung unter Schlagen hinzufügen und die Sahne vollkommen steif schlagen.

6 Unter die Hälfte der Sahne die Toffifeebrösel rühren, unter die andere Hälfte das Trinkschokoladen-Pulver. Die Schokoladensahne in einen Spritzbeutel mit Sterntülle füllen. Auf den unteren Boden mit der Schokoladensahne von außen einen etwa 3 cm breiten Ring spritzen, die restliche Schokoladensahne zum Verzieren zurücklassen.

7 Die Mitte des Bodens mit gut 3/4 der Toffifeesahne bestreichen, den oberen Boden darauf legen und gut andrücken.

8 Zucker mit Wasser unter Rühren zum Kochen bringen, bis sich der Zucker gelöst hat. Aprikosenkonfitüre durch ein Sieb streichen und hinzugeben. So lange unter Rühren kochen lassen, bis die Masse anfängt dicklich zu werden. Den oberen Boden damit bestreichen.

9 In die Mitte der Torte einen Kreis aus der Toffifeesahne streichen. Die Torte mit der Schokoladensahne verzieren und mit Toffifees garnieren.

Fantatorte

*Rezept nicht durch Coca-Cola autorisiert.

Zubereitungszeit: 50 Min., ohne Kühlzeit
Backzeit: etwa 40 Min.

Insgesamt:
E: 95 g, F: 291 g, Kh: 483 g, kJ: 21256, kcal: 5079

Für den Knetteig:
- **125 g Weizenmehl**
- **50 g Zucker**
- **1 Pck. Vanillin-Zucker**
- **2 EL Fanta Orange**
- **100 g Butter**

Für den Biskuitteig:
- **3 Eier (Größe M)**
- **125 g Zucker**
- **1 Pck. Vanillin-Zucker**
- **100 g Weizenmehl**
- **1 gestr. TL Backpulver**
- **4 Tropfen Butter-Vanille-Aroma**
- **50 g abgezogene, gemahlene Mandeln**
- **75 g zerlassene, abgekühlte Butter**

- **2 EL Johannisbeergelee**

Für die Füllung:
- **5 Blatt weiße Gelatine**
- **3 Eier (Größe M)**
- **50 g Zucker**
- **250 ml (1/4 l) Fanta Orange**
- **1 Pck. Orangenfrucht**
- **250 ml (1/4 l) Schlagsahne**

Für den Guß:
- **4 Blatt weiße Gelatine**
- **250 ml (1/4 l) Fanta Orange**

1 Für den Knetteig Mehl in eine Rührschüssel sieben. Zucker, Vanillin-Zucker, Fanta und Butter hinzufügen. Die Zutaten mit Handrührgerät mit Knethaken zunächst kurz auf niedrigster, dann auf höchster Stufe gut durcharbeiten.

2 Anschließend auf der bemehlten Arbeitsfläche zu einem glatten Teig verkneten. Den Teig auf einem gefetteten Springformboden (Ø 26 cm) ausrollen und mehrmals mit einer Gabel einstechen. Den Springformrand um den Boden legen. Die Form auf dem Rost in den Backofen schieben.

Ober-/Unterhitze:
etwa 180 °C (vorgeheizt)
Heißluft: etwa 160 °C (vorgeheizt)
Gas: Stufe 3–4 (vorgeheizt)
Backzeit: etwa 15 Min.

3 Für den Biskuitteig Eier mit Handrührgerät mit Rührbesen auf höchster Stufe in 1 Minute schaumig schlagen. Zucker mit Vanillin-Zucker mischen, in 1 Minute einstreuen, dann noch etwa 2 Minuten schlagen.

4 Mehl mit Backpulver mischen, die Hälfte davon auf die Eiercreme sieben und kurz auf niedrigster Stufe unterrühren. Den Rest des Mehlgemisches auf dieselbe Weise unterarbeiten. Butter-Vanille-Aroma, Mandeln und Butter unterrühren. Den Teig in eine Springform (Ø 26 cm, Boden gefettet, mit Backpapier belegt) geben und glattstreichen. Die Form auf dem Rost in den Backofen schieben.

Ober-/Unterhitze:
etwa 180 °C (vorgeheizt)
Heißluft: 160 °C (vorgeheizt)
Gas: Stufe 3–4 (vorgeheizt)
Backzeit: etwa 25 Min.

5 Den Boden aus der Form lösen, auf einen Kuchenrost stürzen, das Backpapier entfernen und erkalten lassen. Den Knetteigboden auf eine Tortenplatte legen, mit dem Gelee bestreichen. Den Biskuitboden darauf legen und andrücken. Einen Tortenring darumlegen. Die Gelatine nach Packungsaufschrift einweichen und auflösen. Die Eier mit dem Zukker im Wasserbad schaumig rühren. Gelatine, Fanta und Orangenfrucht hinzugeben, unterrühren und kalt schlagen.

(Fortsetzung Seite 28)

6 Sobald die Eier-Gelatine-Masse anfängt dicklich zu werden, die Sahne steif schlagen und unterheben. Die Füllung auf den Biskuitboden streichen. Die Torte etwa 3 Stunden kalt stellen.

7 Für den Guß Gelatine nach Packungsaufschrift einweichen. Fanta mit einer Gabel so lange schlagen, bis die Kohlensäure vollständig entwichen ist. Gelatine auflösen, mit der Fanta verrühren und etwas stehen lassen. Die Flüssigkeit dann vorsichtig auf die Creme gießen und fest werden lassen.

Tip:
Nach Belieben die Orangenfilets mit aufgelöster Schokolade verzieren und die Torte damit garnieren.

Zitronen-Butterkeks-Kuchen

Zubereitungszeit: 35 Min., ohne Durchziehzeit
Backzeit: etwa 30 Min.

Insgesamt:
E: 101 g, F: 390 g, Kh: 798 g, kJ: 30589, kcal: 7307

Für den Rührteig:

- **200 g Butter oder Margarine**
- **200 g Zucker**
- **1 Pck. Vanillin-Zucker**
- **4 Eier (Größe M)**
- **250 g Weizenmehl**
- **1/2 Pck. Backpulver**
- **Saft von 1 1/2 Zitronen**

Für den Belag:

- **1 Pck. Pudding-Pulver Vanille-Geschmack**
- **40 g Zucker**
- **500 ml (1/2 l) Milch**
- **500 ml (1/2 l) Schlagsahne**
- **30 Butterkekse**

Für den Guß:

- **200 g Puderzucker**
- **2 EL Wasser**
- **3–4 EL Zitronensaft**

1 Für den Rührteig Butter oder Margarine mit Handrührgerät mit Rührbesen auf höchster Stufe geschmeidig rühren. Nach und nach Zucker und Vanillin-Zucker unterrühren, so lange rühren, bis eine gebundene Masse entstanden ist. Eier nach und nach unterrühren (jedes Ei etwa 1/2 Minute).

2 Mehl mit Backpulver mischen, sieben und abwechselnd portionsweise mit Zitronensaft auf mittlerer Stufe unterrühren (nur so viel Zitronensaft verwenden, daß der Teig schwer-reißend von einem Löffel fällt). Den Teig auf ein gefettetes Backblech (38 x 28 cm) streichen und in den Backofen schieben.

Ober-/Unterhitze:
etwa 200 °C (vorgeheizt)
Heißluft: etwa 180 °C
(nicht vorgeheizt)
Gas: Stufe 3–4 (nicht vorgeheizt)
Backzeit: etwa 30 Min.

3 Für den Belag aus Pudding-Pulver, Zucker und Milch nach Packungsaufschrift einen Pudding zubereiten, auf den noch warmen Kuchen streichen und gut abkühlen lassen.

4 Sahne steif schlagen, auf dem Pudding verteilen und mit den Butterkeksen belegen.

5 Für den Guß Puderzucker, Wasser und Zitronensaft verrühren und auf den Butterkeksen verteilen. Den Kuchen mindestens 5 Stunden durchziehen lassen.

Waffelkekskuchen

Zubereitungszeit: 40 Min., ohne Kühlzeit
Backzeit: etwa 15 Min.

Insgesamt:
E: 45 g, F: 190 g, Kh: 280 g, kJ: 12994, kcal: 3103

Für den Rührteig:
- **50 g Butter oder Margarine**
- **50 g Zucker**
- **1 Pck. Vanillin-Zucker**
- **1 Ei (Größe M)**
- **75 g Weizenmehl**
- **1 Msp. Backpulver**

Für die Füllung:
- **9 Waffelkekse mit Schoko-Haselnuß-Füllung**
- **3 Blatt weiße Gelatine**
- **500 g Erdbeeren**
- **40 g Puderzucker**
- **1 EL Zitronensaft**
- **250 ml (1/4 l) Schlagsahne**

- **evtl. Schlagsahne**

1 Für den Rührteig Butter oder Margarine mit Handrührgerät mit Rührbesen auf höchster Stufe geschmeidig rühren. Nach und nach Zucker und Vanillin-Zucker unterrühren, so lange rühren, bis eine gebundene Masse entstanden ist. Das Ei unterrühren (etwa 1/2 Minute).

2 Mehl mit Backpulver mischen, sieben und portionsweise auf mittlerer Stufe unterrühren. Den Teig in eine gefettete Kastenform (25 x 11 cm) füllen. Die Form auf dem Rost in den Backofen schieben.

Ober-/Unterhitze:
etwa 180 °C (vorgeheizt)
Heißluft: etwa 160 °C (vorgeheizt)
Gas: Stufe 3–4 (vorgeheizt)
Backzeit: etwa 15 Min.

3 Den Boden auf einen Kuchenrost stürzen und erkalten lassen.

4 Für die Füllung die Waffelkekse einmal durchschneiden und an die beiden langen Seiten der gesäuberten, mit Backpapier ausgelegten Kastenform stellen.

5 Gelatine nach Packungsaufschrift einweichen. Erdbeeren waschen, gut abtropfen lassen, entstielen, putzen, in Stücke schneiden (nach Belieben einige Erdbeeren zum Garnieren zurücklassen) und mit Puderzucker und Zitronensaft pürieren.

6 Gelatine ausdrücken, auflösen und unter das Erdbeerpüree rühren. Sahne steif schlagen. Wenn die Erdbeermasse anfängt dicklich zu werden, 3 Eßlöffel davon abnehmen, die Sahne unter die restliche Erdbeermasse heben, in die Kastenform füllen und glattstreichen. Dabei die Waffelkekse fest an den Rand der Form drücken.

7 Die zurückgelassene Erdbeermasse auf die Erdbeer-Sahne-Masse streichen. Den Rührteigboden darauf legen und etwas andrücken. Das Gebäck etwa 2 Stunden kalt stellen.

8 Das Gebäck aus der Form stürzen, nach Belieben mit geschlagener Sahne verzieren und mit den zurückgelassenen Erdbeeren garnieren.

Um diese leckeren Torten zu „backen", brauchen Sie keinen Backofen.

Kalte Köstlichkeiten

Amarettinitorte

Zubereitungszeit: 20 Min., ohne Kühlzeit

Insgesamt:
E: 33 g, F: 171 g, Kh: 173 g, kJ: 10115, kcal: 2411

Für den Belag:
- **75 g Amarettini (ohne Hagelzucker)**
- **5 Blatt weiße Gelatine**
- **3 Beutel (à 10 g) Cappuccino-Pulver**
- **250 ml (1/4 l) kochendes Wasser**
- **250 ml (1/4 l) Schlagsahne**
- **1 Pck. Bourbon-Vanille-Zucker**
- **100 g Mascarpone (italienischer Frischkäse)**

Für den Boden:
- **etwa 100 g Amarettini**

- **125 ml (1/8 l) Schlagsahne**
- **Kakaopulver**

1 Für den Belag Amarettini in einen Gefrierbeutel geben, den Beutel verschließen und die Amarettini mit einer Teigrolle zerdrücken.

2 Gelatine nach Packungsaufschrift einweichen. Cappuccino-Pulver mit Wasser anrühren. Die Gelatine ausdrücken, in dem Cappuccino auflösen und abkühlen lassen. Wenn die Creme anfängt dicklich zu werden, Schlagsahne mit Vanille-Zucker steif schlagen. Mascarpone, Amarettinibrösel und Sahne unter die Creme heben.

3 Die Masse in eine mit Backpapier ausgelegte viereckige Form (20 x 20 cm) oder Springform (Ø 20 cm) füllen und glattstreichen. Für den Boden Amarettini mit der Spitze nach unten dicht an dicht auf die Masse legen und leicht andrücken. Die Torte etwa 2 Stunden im Kühlschrank fest werden lassen.

4 Die Torte auf eine Tortenplatte stürzen. Sahne steif schlagen und wellenartig auf der Torte verteilen. Die Torte mit Kakao bestäubt servieren.

Cappuccino

Mascarponetorte mit Walnuss-Crunch-Boden

Zubereitungszeit: 50 Min., ohne Kühlzeit

Insgesamt:
E: 62 g, F: 435 g, Kh: 307 g, kJ: 23396, kcal: 5597

Für den Boden:
- **175 g Löffelbiskuits**
- **125 g Walnußkerne**
- **1/2 TL gemahlener Zimt**
- **175 g weiche Butter**

Für den Belag:
- **2 Pck. Aranca Zitronen-Geschmack (Pudding-Pulver ohne Kochen)**
- **400 ml Apfelsaft**
- **250 g Mascarpone (italienischer Frischkäse)**
- **200 ml Schlagsahne**
- **500 g frische Brombeeren (ersatzweise TK-Brombeeren)**

Für den Guß:
- **1 Pck. Tortenguß, klar**
- **250 ml (1/4 l) Apfelsaft**

1 Für den Boden die Löffelbiskuits in einen Gefrierbeutel geben, den Beutel verschließen, die Löffelbiskuits mit einer Teigrolle zerdrücken und in eine Schüssel geben. Die Walnußkerne hacken und hinzugeben. Zimt und Butter hinzufügen.

2 Die Zutaten verrühren und als Boden in eine gefettete Springform (Ø 26 cm, Rand mit Backpapier belegt) füllen, andrücken und kalt stellen.

3 Für den Belag Aranca nach Packungsaufschrift mit Apfelsaft – aber ohne Ei und ohne Joghurt – zubereiten. Mascarpone verrühren, Sahne steif schlagen und beide Zutaten unterheben. Die Creme auf dem Krümelboden verteilen und die Torte kalt stellen, bis der Belag fest ist.

4 Die Brombeeren putzen, waschen, abtropfen lassen (TK-Beeren auftauen und abtropfen lassen) und auf der Creme verteilen.

5 Für den Guß Tortenguß mit Apfelsaft nach Packungsaufschrift zubereiten und über die Beeren verteilen. Die Torte kalt stellen, bis der Guß fest geworden ist.

6 Vor dem Servieren den Springformrand und den Papierstreifen entfernen.

Tip:
Die Torte nach Belieben mit geraspelter, weißer Schokolade und einigen roten Johannisbeeren garnieren.

Fruchtige Eistorte

Zubereitungszeit: 40 Min., ohne Gefrierzeit

Insgesamt:
E: 57 g, F: 358 g, Kh: 537 g, kJ: 23981, kcal: 5730

Für den Boden:
- **3 Pck. (à 75 g) Eiswaffeln**
- **125 g Butter**
- **50 g Zartbitterschokolade**

Für das Parfait:
- **1 Glas Fruchtcocktail (Abtropfgewicht 425 g)**
- **4 Eigelb (Größe M)**
- **150 g gesiebter Puderzucker**
- **Schale und Saft einer Orange (unbehandelt)**
- **4 cl Orangenlikör**
- **500 ml (1/2 l) Schlagsahne**
- **50 g grob gehackte Pistazienkerne**

Für den Karamel:
- **100 g Zucker**

1 Für den Boden Eiswaffeln in einen Gefrierbeutel geben, den Beutel verschließen, die Eiswaffeln mit einer Teigrolle zerdrücken und in eine Schüssel geben. Butter und Schokolade in einem kleinen Topf im Wasserbad bei schwacher Hitze zu einer geschmeidigen Masse verrühren, zu den Gebäckbröseln geben und gut verrühren.

2 Die Masse in eine Springform (Ø 26 cm, gefettet, mit Backpapier ausgelegt) geben und mit der runden Seite eines Eßlöffels zu einem glatten Boden andrücken.

3 Für das Parfait den Fruchtcocktail auf einem Sieb abtropfen lassen. Eigelb und Puderzucker in einer Schüssel über dem heißen Wasserbad mit einem Schneebesen oder mit Handrührgerät mit Rührbesen zu einer dicken Creme aufschlagen, die Creme vom Wasserbad nehmen und kalt schlagen. Orangenschale, -saft und -likör unterrühren.

4 Die Sahne steif schlagen und zusammen mit dem abgetropften Fruchtcocktail und den Pistazien unter die Crememasse heben. Die Parfaitmasse in die Springform füllen und glattstreichen. Etwa 8 Stunden gefrieren lassen.

5 Für den Karamel Zucker in einem Topf unter Rühren so lange erhitzen, bis er völlig gelöst und die Masse genügend gebräunt ist. Die Masse mit einem Eßlöffel auf einem Stück Alufolie verteilen und fest werden lassen. Den erkalteten Karamel in kleine Stücke zerstoßen.

6 Die Eistorte vor dem Servieren im Kühlschrank etwa 30 Minuten antauen lassen. Die Torte aus der Form lösen, das Backpapier entfernen und die Torte mit Karamel garniert servieren.

■ Tip:
Anstelle von 100 g Zucker für den Karamel 20 g Butter und 70 g Zucker so lange erhitzen, bis der Zucker gelöst und die Masse leicht gebräunt ist. 70 g abgezogene, gehackte Mandeln hinzufügen und unter Rühren erhitzen, bis die Masse genug gebräunt ist. Wie oben angegeben weiter verfahren.

Kokos-Limonen-Torte mit Eiswaffelboden

Zubereitungszeit: 25 Min., ohne Kühlzeit

Insgesamt:
E: 75 g, F: 405 g, Kh: 267 g, kJ: 21558, kcal: 5152

- **2 Limonen (unbehandelt)**
- **100 g Kokosraspel**

Für den Boden:

- **60 Stück (3 Pck.) Eiswaffeln**
- **125 g zerlassene, abgekühlte Butter**

Für den Belag:

- **400 g Doppelrahm-Frischkäse**
- **200–300 ml Schlagsahne**
- **75 g Zucker**

- **evtl. 1 Limone (unbehandelt), in dünne Scheiben geschnitten**
- **evtl. einige Eiswaffeln**

1 Zwei Limonen heiß abwaschen, abtrocknen und die Schale dünn abreiben. Beide Früchte auspressen. Limonensaft und -schale mit den Kokosraspeln mischen und bis zur weiteren Verwendung durchziehen lassen.

2 Für den Boden die Eiswaffeln in einen Gefrierbeutel geben, den Beutel verschließen, die Eiswaffeln mit einer Teigrolle zerdrücken und in eine Schüssel geben. Die Waffelkrümel mit der Butter verrühren.

3 Einen Springformrand oder Tortenring (Ø 24 cm, evtl. mit Backpapier ausgekleidet) auf eine Tortenplatte stellen. Die Masse gleichmäßig auf die Tortenplatte geben und mit einem feuchten Löffelrücken zu einem Boden andrücken.

4 Für den Belag den Frischkäse mit den eingeweichten Kokosraspeln verrühren. Sahne mit Zucker steif schlagen und unter die Frischkäsemasse heben. Die Masse auf den Boden geben, glattstreichen und die Torte etwa 3 Stunden kalt stellen.

5 Vor dem Servieren den Springformrand (Tortenring) entfernen. Die Torte nach Belieben mit Limonenscheiben und einigen Eiswaffeln garnieren.

Tip:
Die Torte schmeckt gut durchgekühlt am besten und läßt sich (ohne die Garnierung) auch gut schon am Vortag zubereiten.

Weihnachtstorte

Zubereitungszeit: 40 Min., ohne Kühlzeit

Insgesamt:
E: 119 g, F: 419 g, Kh: 460 g, kJ: 26157, kcal: 6251

Für den Boden:
- **250 g Gewürzspekulatius**
- **100 g Butter oder Margarine**

Für die Creme:
- **8 Blatt weiße Gelatine**
- **500 g Mascarpone (italienischer Frischkäse)**
- **500 g Magerquark**
- **4 EL Honig**
- **1–2 EL gemahlener Zimt**
- **200 g Zucker**
- **250 ml (1/4 l) Schlagsahne**

- **1 EL Kakaopulver**

1 Für den Boden Spekulatius in einen Gefrierbeutel geben, den Beutel verschließen, die Spekulatius mit einer Teigrolle zu feinen Bröseln zerdrükken und in eine Schüssel geben.

2 Butter oder Margarine zerlassen, etwas abkühlen lassen, zu den Bröseln geben und gut verrühren. Einen Springformrand oder Tortenring (Ø 28 cm) auf eine Tortenplatte stellen. Die Spekulatiusmasse gleichmäßig mit einem feuchten Löffelrücken zu einem Boden hineindrücken und kalt stellen.

3 Für die Creme Gelatine nach Packungsaufschrift einweichen. Mascarpone, Quark, Honig, Zimt und Zucker verrühren. Die Gelatine auflösen und unter die Mascarponemasse rühren. Wenn die Masse anfängt dicklich zu werden, die Sahne steif schlagen und unterheben.

4 Die Creme auf dem Boden verteilen und glattstreichen. Die Torte kalt stellen (am besten über Nacht).

5 Vor dem Servieren die Torte aus dem Springformrand (Tortenring) lösen und mit Kakao bestäuben.

■ Tip (Foto):
Sie können die Torte auch zusätzlich vor dem Servieren mit steifgeschlagener Sahne verzieren, mit zerbröselten Baiserschalen bestreuen und erst dann mit Kakao bestäuben.

Philadelphia-Pflaumen-Torte

Zubereitungszeit: 25 Min., ohne Kühlzeit

Insgesamt:
E: 104 g, F: 303 g, Kh: 297 g, kJ: 18910, kcal: 4521

Für den Boden:
- **150 g Schoko-Biskuitzungen**
- **100 g Butter**

Für die Füllung:
- **etwa 300 g Pflaumenhälften (aus dem Glas)**
- **6 Blatt weiße Gelatine**
- **600 g Philadelphia (Doppelrahm-Frischkäse)**
- **500 g Joghurt**
- **3 EL Zitronensaft**
- **75 g Zucker**
- **150 ml Pflaumensaft**

Für den Belag:
- **2 Eierpflaumen oder Pflaumen aus dem Glas**
- **1/2 Pck. Tortenguß, klar**
- **125 ml (1/8 l) Pflaumensaft**

1 Für den Boden die Schoko-Biskuitzungen in einen Gefrierbeutel geben, den Beutel verschließen, die Biskuitzungen mit einer Teigrolle zerdrücken und in eine Schüssel geben.

2 Butter zerlassen, zu den Gebäckbröseln geben und gut verrühren. Die Masse gleichmäßig in einer Springform (Ø 26 cm, Boden gefettet, Boden und Rand mit Backpapier ausgelegt) verteilen und gut andrücken.

3 Für die Füllung Pflaumen auf einem Sieb abtropfen lassen, dabei den Saft auffangen und 150 ml für die Füllung und 125 ml (1/8 l) für den Belag abmessen (evtl. mit Wasser auffüllen). Gelatine nach Packungsaufschrift einweichen.

4 Frischkäse mit Joghurt, Zitronensaft und Zucker verrühren. Gelatine ausdrücken, auflösen, mit 150 ml von dem Pflaumensaft verrühren und unter die Frischkäse-Joghurt-Masse rühren.

5 Die Hälfte der Masse auf den Boden geben und glattstreichen. Die abgetropften Pflaumen darauf verteilen, die restliche Masse darübergeben und glattstreichen. Die Torte etwa 3 Stunden im Kühlschrank fest werden lassen. Die Torte dann aus der Form lösen.

6 Für den Belag Pflaumen waschen, abtrocknen, entsteinen und in Spalten schneiden. Die Torte mit den Pflaumenspalten garnieren. Aus Tortenguß und 125 ml (1/8 l) von dem Pflaumensaft nach Packungsaufschrift einen Guß zubereiten und auf die Pflaumenspalten geben.

Tip:
Nach Belieben etwas von den Gebäckbröseln zurücklassen und die Torte vor dem Servieren damit bestreuen.

Rote-Grütze-Torte

Zubereitungszeit: 20 Min., ohne Kühlzeit

Insgesamt:
E: 38 g, F: 384 g, Kh: 313 g, kJ: 20916, kcal: 4997

Für Boden und Rand:
- **200 g Löffelbiskuits**
- **120 g Butter**

Für die Creme:
- **400 g Schmand (Sauerrahm)**
- **150 g Gelierzucker (1:1-Produkt)**
- **500 ml (1/2 l) Schlagsahne**
- **Saft von 1 Zitrone**

Für den Belag:
- **1 Becher (500 g) Rote Grütze**
- **1 Pck. Tortenguß, klar**
- **2 EL Wasser**

1 Für den Boden 150 g Löffelbiskuits in einen Gefrierbeutel geben, den Beutel verschließen, die Löffelbiskuits mit einer Teigrolle zerdrücken und in eine Schüssel geben.

2 Butter zerlassen, zu den Löffelbiskuitbröseln geben und gut verrühren. Einen Springformrand oder Tortenring (Ø 26 cm, evtl. mit Backpapier ausgekleidet) auf eine Tortenplatte stellen. Die Masse auf die Tortenplatte geben und mit einem feuchten Löffelrükken zu einem Boden andrücken.

3 Für den Rand die restlichen Löffelbiskuits halbieren und als Rand auf den Boden legen.

4 Für die Creme Schmand mit Gelierzucker gut verrühren. Die Sahne sehr steif schlagen und mit dem Zitronensaft unterheben. Die Creme auf den Boden füllen und glattstreichen. Die Torte über Nacht in den Kühlschrank stellen.

5 Für den Belag die Rote Grütze in einen Topf geben. Den Tortenguß mit Wasser verrühren, in die Grütze geben und einmal aufkochen lassen. Die Grützemasse etwas abkühlen lassen, dann auf die Torte geben und glattstreichen. Die Torte kalt stellen, bis die Grützemasse erkaltet ist.

Abwandlung:
Die Torte nur mit der Creme zubereiten und die Rote Grütze erst kurz vorm Servieren unangedickt darüber verteilen.

Tip (Foto):
Die Torte schmeckt auch sehr lecker mit einem gebackenen Boden. Dazu 100 g Weizenmehl und 1/2 Päckchen Backpulver mischen und in eine Rührschüssel sieben. 75 g Zucker, 1 Päckchen Vanillin-Zucker, 3 Eier (Größe M), 2 Eßlöffel neutrales Speiseöl und 1 Eßlöffel Essig dazugeben. Die Zutaten mit Handrührgerät mit Rührbesen in etwa 1 Minute zu einem glatten Teig verarbeiten. Den Teig in eine Springform (Ø 26 cm, Boden gefettet, mit Backpapier belegt) füllen, glattstreichen und bei etwa 200 °C (Heißluft: etwa 180 °C, Gas: Stufe 3–4) 15–20 Minuten backen.

Doppelkeks-Torte

Foto
Zubereitungszeit: 30 Min., ohne Kühlzeit

Insgesamt:
E: 58 g, F: 221 g, Kh: 389 g, kJ: 16517, kcal: 3945

Für die Creme:
- **100 g Kokosfett**
- **150 g weiße Schokolade**
- **2 Eier (Größe M)**
- **100 g gesiebter Puderzucker**
- **1 EL Weinbrand**

- **etwa 21 schokoladengefüllte Doppelkekse**
- **Kakaopulver**

1 Für die Creme das Kokosfett schmelzen und abkühlen lassen. Die Schokolade grob zerkleinern und in einem kleinen Topf im Wasserbad bei schwacher Hitze zu einer geschmeidigen Masse verrühren.

2 Eier, Puderzucker und Weinbrand zu einer schaumigen Masse schlagen. Nach und nach Kokosfett und Schokolade unterziehen.

3 Den Boden einer Springform (Ø 20 cm) mit Backpapier belegen, mit etwa 7 Keksen auslegen, etwas von der Creme darüberstreichen. Dann Kekse und Creme abwechselnd in die Form schichten (die letzte Schicht sollte aus Keksen bestehen).

4 Die Torte mit Backpapier zudecken und etwa 4 Stunden im Kühlschrank fest werden lassen.

5 Die Torte aus der Form lösen und das Backpapier abziehen. Die Torte auf eine Tortenplatte legen mit Kakao bestäubt servieren.

Kellerkuchen (Kalter Hund)

Zubereitungszeit: 30 Min., ohne Kühlzeit

Insgesamt:
E: 54 g, F: 311 g, Kh: 300 g, kJ: 18270, kcal: 4362

- **125 g gesiebter Puderzucker**
- **1 Pck. Vanillin-Zucker**
- **50 g gesiebter Kakao**
- **1/2 Fläschchen Rum-Aroma**
- **2 Eier (Größe M)**
- **250 g zerlassenes, abgekühltes Kokosfett**
- **250–300 g rechteckige Butterkekse**

1 Puderzucker mit Vanillin-Zucker, Kakao und Rum-Aroma in eine Rührschüssel geben.

2 Alles nach und nach mit den Eiern und dem Kokosfett mit Handrührgerät mit Rührbesen auf mittlerer Stufe verrühren.

3 Die Butterkekse lagenweise abwechselnd mit der Kakaomasse in eine mit Pergamentpapier ausgelegte Kastenform (etwa 20 x 11 cm) füllen. Die unterste Schicht muß aus Kakaomasse, die oberste aus Keksen bestehen.

4 Den Kuchen mehrere Stunden, am besten über Nacht, kalt stellen. Den Kuchen stürzen und in Scheiben schneiden.

Grand-Marnier-Torte

Zubereitungszeit: 30 Min., ohne Kühlzeit

Insgesamt:
E: 148 g, F: 189 g, Kh: 471 g, kJ: 19439, kcal: 4646

Für den Boden:
- **10 Zwiebäcke (100 g)**
- **200 g Nuß-Nougat**
- **etwa 10 Tropfen Bittermandel-Aroma**

Für die Füllung:
- **12 Blatt weiße Gelatine**
- **750 g Magerquark**
- **150 g Zucker**
- **250 ml (1/4 l) Orangensaft (nach Belieben frisch gepreßt)**
- **Saft von 1 Zitrone**
- **125 ml (1/8 l) Grand Marnier**
- **Mark von 1 Vanilleschote**
- **5 EL Weißwein**
- **400 ml Schlagsahne**

- **etwa 2 Orangen**
- **8 Maraschino-Kirschen**

1 Für den Boden Zwiebäcke in einen Gefrierbeutel geben, den Beutel verschließen, die Zwiebäcke mit einer Teigrolle zerdrücken und in eine Schüssel geben.

2 Nuß-Nougat zerlassen und Bittermandel-Aroma unterrühren. Einen Springformrand (Ø 26 cm, gefettet, mit Back- oder Pergamentpapier belegt) oder einen Tortenring auf eine Tortenplatte stellen. Die Nougatmasse mit den Zwiebackbröseln mischen, auf die Tortenplatte geben und andrücken.

3 Für die Füllung Gelatine nach Packungsaufschrift einweichen. Quark mit Zucker, Orangensaft, Zitronensaft, Grand Marnier und Vanillemark verrühren.

4 Weißwein erhitzen. Gelatine ausdrücken, in dem Wein auflösen und alles unter die Quarkmasse rühren. Wenn die Masse anfängt dicklich zu werden, Sahne steif schlagen und unterheben.

5 Die Quark-Sahne-Masse auf den Boden geben und glattstreichen. Die Torte etwa 2 Stunden im Kühlschrank kalt stellen.

6 Vor dem Servieren Springformrand (Tortenring) und Papierstreifen entfernen. Die Orangen schälen, so daß die weiße Haut vollständig entfernt ist, und quer in dünne Scheiben schneiden. Die Torte mit Orangenscheiben und Maraschino-Kirschen garnieren.

Tip:
Nach Belieben den Tortenrand mit einigen Zwiebackbröseln bestreuen.

Torten mit Schwips

Oft ist ein kleiner Schuß Rum oder Likör wie das Tüpfelchen auf dem „i“..

Baileys-Baiser-Torte

Zubereitungszeit: 40 Min.
Backzeit: 25–30 Min.

Insgesamt:
E: 47 g, F: 338 g, Kh: 407 g, kJ: 21914, kcal: 5237

Für den Rührteig:
- **50 g Kokosraspel**
- **125 g Butter oder Margarine**
- **100 g Zucker**
- **2 Eier (Größe M)**
- **75 g Weizenmehl**
- **75 g Speisestärke**
- **1 gestr. TL Backpulver**

- **100 g dunkle Kuchenglasur**
- **150 ml Baileys**
- **500 ml (1/2 l) Schlagsahne**
- **2 Pck. Sahnesteif**
- **3 große Baiserschalen (à 30 g, vom Bäcker)**

1 Für den Rührteig Kokosraspel in einer Pfanne ohne Fett goldbraun rösten und abkühlen lassen.

2 Butter oder Margarine mit Handrührgerät mit Rührbesen auf höchster Stufe geschmeidig rühren. Nach und nach Zucker unterrühren, so lange rühren, bis eine gebundene Masse entstanden ist. Eier nach und nach unterrühren (jedes Ei etwa 1/2 Minute).

3 Mehl, Speisestärke und Backpulver mischen, sieben und portionsweise auf mittlerer Stufe unterrühren. Kokosraspel (1 Eßlöffel zum Bestreuen zurücklassen) unterrühren. Den Teig in eine Springform (Ø 26 cm, Boden gefettet) füllen und glattstreichen. Die Form auf dem Rost in den Backofen schieben.

Ober-/Unterhitze: etwa 180 °C (vorgeheizt)
Heißluft: etwa 160 °C (nicht vorgeheizt)
Gas: etwa Stufe 3 (nicht vorgeheizt)
Backzeit: 25–30 Min.

4 Den Boden in der Form erkalten lassen. Ihn dann

(Fortsetzung Seite 52)

aus der Form lösen und auf einen Kuchenrost stürzen.

5 Die Kuchenglasur nach Packungsaufschrift im Wasserbad schmelzen. Die Unterseite des Bodens damit bestreichen und fest werden lassen.

6 Den Boden mit der Schokoladenseite nach unten auf eine Tortenplatte legen. Die Oberseite mehrmals mit einer Gabel einstechen und mit dem Baileys beträufeln.

7 Sahne mit Sahnesteif steif schlagen, in einen Spritzbeutel mit großer Sterntülle füllen und dicht an dicht auf den Boden spritzen. Die Baiserschalen grob zerkleinern und auf der Sahne verteilen. Die Torte mit Kokosraspeln bestreuen.

Diplomatentorte

Zubereitungszeit: 30 Min., ohne Kühlzeit
Backzeit: etwa 15 Min.

Insgesamt:
E: 47 g, F: 236 g, Kh: 365 g, kJ: 16992, kcal: 4059

- **4 quadratische Platten (à 45 g) TK-Blätterteig**

Für die Puddingcreme:

- **2 Pck. Pudding-Pulver Vanille-Geschmack**
- **100 g Zucker**
- **250 ml (1/4 l) Schlagsahne**
- **500 ml (1/2 l) Milch**
- **3–4 EL Rum**
- **250 ml (1/4 l) Schlagsahne**

- **100 g Löffelbiskuits**
- **3 EL Rum**
- **Puderzucker**
- **50 g geschabte Schokolade**

1 Die Blätterteigplatten nebeneinander zugedeckt auftauen lassen.

2 Die Blätterteigplatten nebeneinander zu einem Quadrat auf ein mit Backpapier belegtes Backblech legen. Die inneren Teigränder mit etwas Wasser bestreichen, etwas übereinander legen, gut andrücken und die Platten mehrmals mit einer Gabel einstechen. Das Backblech in den Backofen schieben.

Ober-/Unterhitze:
etwa 200 °C (vorgeheizt)
Heißluft: etwa 180 °C (vorgeheizt)
Gas: Stufe 3–4 (vorgeheizt)
Backzeit: etwa 15 Min.

3 Die Blätterteigplatte vom Backpapier lösen und auf einem Kuchenrost erkalten lassen.

4 Für die Puddingcreme Pudding-Pulver mit Zucker mischen und mit der Sahne sorgfältig anrühren. Die Milch zum Kochen bringen, das angerührte Pudding-Pulver unter Rühren hinzufügen und einmal aufkochen lassen.

5 Den Pudding mit Klarsichtfolie zudecken und erkalten lassen. Den kalten Pudding durchrühren und den Rum unterrühren. Sahne steif schlagen und unterheben.

6 Die Blätterteigplatte einmal waagerecht durchschneiden. Die untere Platte auf eine Tortenplatte legen und die Hälfte der Puddingcreme darauf verteilen. Die Löffelbiskuits darauf legen, mit Rum beträufeln und die restliche Creme darauf verteilen. Die obere Blätterteigplatte darauf legen und leicht andrücken. Die Torte 1–2 Stunden kalt stellen.

7 Die Torte vor dem Servieren mit Puderzucker bestäuben und mit Schokolade bestreuen.

Amrumer Wattwurmtorte

Zubereitungszeit: 35 Min.
Backzeit: etwa 30 Min.

Insgesamt:
E: 86 g, F: 427 g, Kh: 738 g, kJ: 31668, kcal: 7565

Für den Rührteig:
- **250 g Butter**
- **200 g Zucker**
- **1 Pck. Vanillin-Zucker**
- **1 Prise Salz**
- **1 Pck. Geriebene Zitronenschale**
- **4 Eier (Größe M)**
- **250 g Weizenmehl**
- **50 g Speisestärke**
- **3 gestr. TL Backpulver**
- **2 EL Kakaopulver**
- **1 EL Milch**

- **Semmelbrösel**

Für die Füllung:
- **2 Gläser Sauerkirschen (à Abtropfgewicht 370 g)**
- **2 Pck. Pudding-Pulver Vanille-Geschmack**

Für den Belag:
- **600 ml Schlagsahne**
- **2 Pck. Sahnesteif**
- **4 cl Eierlikör**
- **6 cl Blue Curaçao**

1 Für den Rührteig Butter mit Handrührgerät mit Rührbesen auf höchster Stufe geschmeidig rühren. Nach und nach Zucker, Vanillin-Zucker, Salz und Zitronenschale unterrühren, so lange rühren, bis eine gebundene Masse entstanden ist. Eier nach und nach unterrühren (jedes Ei etwa 1/2 Minute).

2 Mehl, Speisestärke und Backpulver mischen, sieben und portionsweise auf mittlerer Stufe unterrühren. Gut 2/3 des Teiges auf ein gefettetes, mit Semmelbröseln bestreutes Backblech (38 x 28 cm) streichen. Vor den Teig einen mehrfach geknickten Streifen Alufolie legen.

3 Kakao und Milch unter den Rest des Teiges rühren. Den dunklen Teig in einen Spritzbeutel mit Lochtülle füllen und etwa 5 cm lange „Wattwürmer" auf den hellen Teig spritzen. Das Backblech in den Backofen schieben.

Ober-/Unterhitze:
180–200 °C (vorgeheizt)
Heißluft: 160–170 °C
(nicht vorgeheizt)
Gas: Stufe 3–4 (nicht vorgeheizt)
Backzeit: etwa 30 Min.

4 Den Boden auf dem Backblech erkalten lassen.

5 Für die Füllung Sauerkirschen auf einem Sieb abtropfen lassen, dabei den Saft auffangen und 850 ml davon abmessen (evtl. mit Wasser auffüllen). Pudding-Pulver mit etwas Kirschsaft anrühren. Den übrigen Saft zum Kochen bringen, von der Kochstelle nehmen, das angerührte Pudding-Pulver einrühren und aufkochen lassen. Erst dann die Sauerkirschen unterrühren. Die Kirschmasse auf dem Boden verteilen und erkalten lassen.

6 Für den Belag Sahne mit Sahnesteif steif schlagen und auf der Sauerkirschmasse verteilen. Mit Hilfe eines Teelöffels leichte Vertiefungen in die Sahne eindrücken. Eierlikör und Blue Curaçao verrühren und in den Sahnevertiefungen verteilen.

Tip:
Anstelle der Sauerkirschen können auch Heidelbeeren (aus dem Glas) verwendet werden.

Kapuzinertorte

Zubereitungszeit: 50 Min., ohne Kühlzeit
Backzeit: etwa 30 Min.

Insgesamt:
E: 82 g, F: 228 g, Kh: 456 g, kJ: 18951, kcal: 4528

Für den Biskuitteig:
- **4 Eier (Größe M)**
- **4 EL heißes Wasser**
- **125 g Zucker**
- **1 Pck. Vanillin-Zucker**
- **75 g Weizenmehl**
- **50 g Speisestärke**
- **1 gestr. TL Backpulver**
- **50 g abgezogene, gemahlene Mandeln**
- **50 g zerlassene, abgekühlte Butter**

Für den Boden:
- **14 Löffelbiskuits**
- **2 EL Kirschwasser**

- **100 g Kuvertüre**
- **2 EL Kirschwasser**

Für den Belag:
- **2 Blatt weiße Gelatine**
- **250 ml (1/4 l) Schlagsahne**
- **6 Löffelbiskuits**
- **1 Pck. (75 g) Baisergebäck**
- **30 g geriebene Zartbitterschokolade**
- **1 EL gemahlener Zimt**

1 Für den Biskuitteig Eier und Wasser mit Handrührgerät mit Rührbesen auf höchster Stufe in 1 Minute schaumig schlagen. Zucker mit Vanillin-Zucker mischen, in 1 Minute einstreuen, dann noch etwa 2 Minuten schlagen.

2 Mehl, Speisestärke und Backpulver mischen, die Hälfte davon auf die Eiercreme sieben und kurz auf niedrigster Stufe unterrühren. Den Rest des Mehlgemisches auf dieselbe Weise unterarbeiten. Mandeln und Butter vorsichtig unterrühren.

3 Für den Boden Löffelbiskuits auf dem Boden einer Springform (Ø 26 cm, Boden gefettet, mit Backpapier belegt) verteilen und mit Kirschwasser tränken. Den Biskuitteig einfüllen, die Form auf dem Rost in den Backofen schieben und sofort backen.

Ober-/Unterhitze: etwa 200 °C (vorgeheizt)
Heißluft: 180 °C (vorgeheizt)
Gas: Stufe 3–4 (vorgeheizt)
Backzeit: etwa 30 Min.

4 Den Boden aus der Form lösen, auf einen Kuchenrost stürzen und das Backpapier abziehen.

5 Die Kuvertüre in einem kleinen Topf im Wasserbad bei schwacher Hitze zu einer geschmeidigen Masse verrühren. Die obenliegende Seite (mit den Löffelbiskuits) des noch warmen Bodens mit der Kuvertüre überziehen und erkalten lassen.

6 Den erkalteten Kuchen wieder umdrehen und mit Kirschwasser tränken.

7 Für den Belag Gelatine nach Packungsaufschrift einweichen. Sahne fast steif schlagen. Gelatine ausdrücken, auflösen und unter die Sahne rühren. Sahne vollkommen steif schlagen.

8 Löffelbiskuits in Würfel schneiden und unter die Sahne heben. Die Sahnemasse kuppelartig auf den Boden häufen. Das Baisergebäck grob zerkleinern und auf der Sahnemasse verteilen. Die Torte mit Schokolade und Zimt bestreuen und etwa 1 Stunde kalt stellen.

Mokka-Eierlikör-Eistorte

Zubereitungszeit: 60 Min., ohne Kühlzeit
Backzeit: für den Knetteigboden etwa 15 Min., pro Baiserboden etwa 75 Min.

Insgesamt:
E: 60 g, F: 397 g, Kh: 501 g, kJ: 25244, kcal: 6034

Für den Knetteig:
- **150 g Weizenmehl**
- **1 Msp. Backpulver**
- **50 g Zucker**
- **1 Pck. Vanillin-Zucker**
- **100 g Butter**

Für die Baisermasse:
- **4 Eiweiß (Größe M)**
- **200 g feinkörniger Zucker**

Für das Eis:
- **1 l Schlagsahne**
- **3 Pck. Sahnesteif**
- **2 Pck. Vanillin-Zucker**
- **4 EL Eierlikör**
- **2 TL Instant-Kaffepulver**
- **1 EL kaltes Wasser**

- **3 EL Johannisbeergelee**
- **Kakaopulver**

1 Für den Knetteig Mehl mit Backpulver mischen, in eine Rührschüssel sieben. Zucker, Vanillin-Zucker und Butter hinzufügen. Zutaten mit Handrührgerät mit Knethaken zunächst kurz auf niedrigster, dann auf höchster Stufe gut durcharbeiten. Anschließend auf der bemehlten Arbeitsfläche zu einem glatten Teig verkneten.

2 Den Teig auf dem Boden einer Springform (Ø 28 cm) ausrollen und mehrmals mit einer Gabel einstechen. Den Springformrand darumlegen und die Form auf dem Rost in den Backofen schieben.

Ober-/Unterhitze:
200–220 °C (vorgeheizt)
Heißluft: etwa 180 °C (vorgeheizt)
Gas: Stufe 3–4 (vorgeheizt)
Backzeit: etwa 15 Min.

3 Den Boden sofort vom Springformboden lösen, aber darauf erkalten lassen.

4 Für die Baisermasse Eiweiß mit Handrührgerät mit Rührbesen auf höchster Stufe steif schlagen, nach und nach Zucker unterschlagen. 3 Eßlöffel der Masse in einen Spritzbeutel mit Lochtülle füllen.

5 Backpapier auf Backbleche legen, 3 Kreise (Ø 28 cm) vorzeichnen, den inneren Kreis mit einem Ring der Baisermasse ausspritzen, dann die ganze Fläche mit der Baisermasse ausstreichen. Aus der zurückgelassenen Baisermasse kleine Motive mit auf das Backpapier spritzen. Das Backblech in den Backofen schieben.

Ober-/Unterhitze:
100–110 °C (vorgeheizt)
Heißluft: 100–110 °C
(nicht vorgeheizt)
Gas: Stufe 1 (nicht vorgeheizt), nach 30 Minuten Backofen ausschalten, Böden noch etwa 20 Minuten im Backofen stehen lassen
Backzeit: etwa 75 Min. pro Boden

6 Baiserböden und -motive nach dem Backen vom Backpapier lösen, erkalten lassen und bis zur Weiterverarbeitung in gut schließenden Blechdosen (oder in Alufolie gewikkelt) aufbewahren, damit sie nicht weich werden.

7 Für das Eis Sahne mit Sahnesteif und Vanillin-Zucker steif schlagen. Unter 1/4 der Sahne Eierlikör rühren. Kaffeepulver in dem Wasser auflösen und unter 1/3 der übrigen Sahne rühren.

8 Den Knetteigboden mit Johannisbeergelee bestreichen, mit einem Baiserboden bedecken, mit der Eierlikör-

(Fortsetzung Seite 60)

sahne bestreichen, mit dem zweiten Boden bedecken, mit der Mokkasahne bestreichen und mit dem dritten Boden bedecken. Diesen mit der 1/2 der restlichen Sahne bestreichen.

9 Die übrige Sahne in einen Spritzbeutel mit Lochtülle füllen, den Rand der Torte damit verzieren. Die Torte in das Gefrierfach stellen (am besten über Nacht) und gefrieren lassen.

10 Die Torte etwa 1 1/2 Stunden vor dem Verzehr aus dem Gefrierfach nehmen. Die Torte kurz vor dem Verzehr mit den Baisermotiven garnieren und mit Kakao bestäuben.

Zarewitsch-Torte

Zubereitungszeit: 40 Min.
Backzeit: etwa 35 Min.

Insgesamt:
E: 78 g, F: 378 g, Kh: 298 g, kJ: 22101, kcal: 5281

Für den Rührteig:
- **120 g Butter oder Margarine**
- **150 g Zucker**
- **1 Pck. Vanillin-Zucker**
- **3 Eier (Größe M)**
- **100 g Zartbitterschokolade**
- **50 g Weizenmehl**
- **1 gestr. TL Backpulver**
- **130 g abgezogene, gemahlene Mandeln**
- **1 EL kalter, starker Kaffee**

Zum Tränken:
- **125 ml (1/8 l) Weißwein**
- **3 EL brauner Rum**

Für den Belag:
- **500 ml (1/2 l) Schlagsahne**
- **2 Pck. Sahnesteif**
- **1 EL Zucker**
- **1 EL gesiebtes Kakaopulver**
- **1 EL kalter, starker Kaffee**
- **1 TL Kakaopulver**

1 Für den Rührteig Butter oder Margarine mit Handrührgerät mit Rührbesen auf höchster Stufe geschmeidig rühren. Nach und nach Zucker und Vanillin-Zucker unterrühren, so lange rühren, bis eine gebundene Masse entstanden ist. Eier nach und nach unterrühren (jedes Ei etwa 1/2 Minute).

2 Die Schokolade in einem kleinen Topf im Wasserbad bei schwacher Hitze zu einer geschmeidigen Masse verrühren und unter die Fett-Eier-Masse rühren.

3 Mehl mit Backpulver mischen, sieben und auf mittlerer Stufe unterrühren. Mandeln und Kaffee unterrühren. Den Teig in eine Springform (Ø 26 cm, Boden gefettet) füllen. Die Form auf dem Rost in den Backofen schieben.

Ober-/Unterhitze:
etwa 180 °C (vorgeheizt)
Heißluft: etwa 160 °C
(nicht vorgeheizt)
Gas: etwa Stufe 3
(nicht vorgeheizt)
Backzeit: etwa 35 Min.

4 Den Boden aus der Form lösen und auf einen mit Backpapier belegten Kuchenrost stürzen. Weißwein mit Rum mischen und den noch heißen Boden damit tränken. Den Boden dann erkalten lassen.

5 Für den Belag die Hälfte der Sahne mit 1 Päckchen Sahnesteif steif schlagen und auf den Boden streichen. Die restliche Sahne mit Zucker, restlichem Sahnesteif und Kakao steif schlagen, den Kaffee unterrühren und die Sahnemasse in einen Spritzbeutel nur mit Tüllenring (oder mit Lochtülle) füllen. Die Torte mit großen und kleinen Sahnetuffs verzieren. Vor dem Servieren mit Kakao bestäuben.

Kuchen-Versuchungen

Es müssen nicht immer Torten sein. Auch unsere Kuchen führen Sie in Versuchung.

Feuerwehrkuchen

Zubereitungszeit: 30 Min.
Backzeit: etwa 45 Min.

Insgesamt:
E: 74 g, F: 376 g, Kh: 594 g, kJ: 26199, kcal: 6258

Für den Knetteig:
- **250 g Weizenmehl**
- **½ TL Backpulver**
- **75 g Zucker**
- **1 Prise Salz**
- **1 Ei (Größe M)**
- **125 g Butter**

Für den Belag:
- **1 Glas Sauerkirschen (Abtropfgewicht 370 g)**
- **1 Pck. Pudding-Pulver Vanille-Geschmack**
- **2 EL Zucker**
- **250 ml (¼ l) Milch**

Für die Streusel:
- **75 g Weizenmehl**
- **75 g Zucker**
- **1 Pck. Vanillin-Zucker**
- **75 g gemahlene Haselnußkerne**
- **100 g weiche Butter**

Zum Verzieren und Garnieren:
- **400 ml Schlagsahne**
- **2 Pck. Sahnesteif**
- **geschabte Schokolade**

1 Für den Knetteig Mehl mit Backpulver mischen und in eine Rührschüssel sieben. Zucker, Salz, Ei und Butter hinzufügen, mit Handrührgerät mit Knethaken zunächst kurz auf niedrigster, dann auf höchster Stufe gut durcharbeiten.

2 Anschließend auf der bemehlten Arbeitsfläche zu einem glatten Teig verkneten. Sollte er kleben, ihn eine Zeitlang kalt stellen. Den Teig auf einem gefetteten Springformboden (Ø 28 cm) ausrollen und mehrmals mit einer Gabel einstechen. Den Springformrand (mit Backpapier ausgelegt) um den Boden legen.

3 Sauerkirschen auf einem Sieb gut abtropfen lassen. Aus Pudding-Pulver, Zucker und Milch nach Packungsaufschrift – aber nur mit 250 ml (¼ l) Milch – einen Pudding zubereiten. Die Kirschen unter den Pudding heben und die Masse auf dem Teig verteilen.

(Fortsetzung Seite 64)

4 Für die Streusel Mehl in eine Rührschüssel sieben, mit Zucker, Vanillin-Zucker und Haselnüssen mischen und Butter hinzufügen.

5 Alle Zutaten mit Handrührgerät mit Knethaken zu Streuseln von gewünschter Größe verarbeiten und gleichmäßig auf der Kirsch-Pudding-Masse verteilen. Die Form auf dem Rost in den Backofen schieben.

Ober-/Unterhitze:
etwa 180 °C (vorgeheizt)
Heißluft: etwa 160 °C
(nicht vorgeheizt)
Gas: Stufe 2–3 (nicht vorgeheizt)
Backzeit: etwa 45 Min.

6 Den Kuchen aus der Form lösen und auf einem Kuchenrost erkalten lassen.

7 Sahne mit Sahnesteif steif schlagen, mit einem Eßlöffel auf die Torte „klecksen" und mit Schokolade garnieren. Den Kuchen nach Belieben mit Kakao bestäuben.

Schneller Bienenstich

Zubereitungszeit: 35 Min.
Backzeit: etwa 30 Min.

Insgesamt:
E: 84 g, F: 253 g, Kh: 348 g, kJ: 17544, kcal: 4192

Für den Teig:

- **4 Eier (Größe M)**
- **150 g Zucker**
- **1 Pck. Vanillin-Zucker**
- **125 g Weizenmehl**
- **2 gestr. TL Backpulver**
- **50 g abgezogene, gemahlene Mandeln**
- **100 g abgezogene, gehobelte Mandeln**
- **15 g Zucker**

- **25 g Butter**

Für die Füllung:

- **1 Pck. Paradies-Creme Vanille-Geschmack (Pudding-Pulver ohne Kochen)**
- **400 ml Schlagsahne**

1 Für den Teig Eier, Zucker und Vanillin-Zucker in eine Rührschüssel geben und mit Handrührgerät mit Rührbesen mindestens 6 Minuten schaumig schlagen.

2 Mehl mit Backpulver mischen, sieben und portionsweise auf mittlerer Stufe unterrühren. Die gemahlenen Mandeln unterrühren. Den Teig in eine Springform (Ø 26 cm, Boden gefettet, mit Backpapier belegt) geben, die gehobelten Mandeln darauf verteilen und mit Zucker bestreuen. Die Form auf dem Rost in den Backofen schieben.

Ober-/Unterhitze:
etwa 170 °C (vorgeheizt)
Heißluft: etwa 150 °C
(nicht vorgeheizt)
Gas: etwa Stufe 3
(nicht vorgeheizt)
Backzeit: etwa 30 Min.

3 Den Boden aus der Form lösen und auf einen Kuchenrost legen. Die Butter zerlassen, auf dem heißen Boden verteilen und erkalten lassen. Den erkalteten Boden einmal waagerecht durchschneiden.

4 Für die Füllung Paradies-Creme und Sahne mit Handrührgerät mit Rührbesen in etwa 3 Minuten cremig rühren. Die Creme auf den unteren Boden streichen und den oberen Boden darauf legen.

Nuss-Nougat-Kuchen mit Pfirsichen

Zubereitungszeit: 45 Min., ohne Kühlzeit
Backzeit: etwa 45 Min.

Insgesamt:
E: 100 g, F: 481 g, Kh: 361 g, kJ: 26734, kcal: 6387

Für die Nuß-Nougat-Sahne:

- **500 ml (1/2 l) Schlagsahne**
- **100 g kleingehackte Nuß-Nougat-Schokolade**
- **2 Pck. Vanillin-Zucker**
- **2 Pck. Sahnesteif**

Für den Rührteig:

- **100 g Butter oder Margarine**
- **100 g Zucker**
- **1 Pck. Vanillin-Zucker**
- **1 Prise Salz**
- **1 Pck. Natürliches Jamaika-Rum-Aroma**
- **6 Eigelb (Größe M)**
- **200 g gemahlene Haselnußkerne**
- **50 g gehobelte Haselnußkerne**
- **1 gestr. TL Backpulver**
- **6 Eiweiß (Größe M)**

Für den Belag:

- **1 große Dose Pfirsichhälften (Abtropfgewicht 480 g)**

Zum Garnieren:

- **50 g Nuß-Nougat-Schokolade**
- **10 g Kokosfett**

1 Für die Nuß-Nougat-Sahne die Sahne in einem Topf kurz aufkochen lassen und von der Kochstelle nehmen. Die Schokolade mit einem Schneebesen so lange unterrühren, bis sie sich vollständig gelöst hat. Die Nuß-Nougat-Sahne in eine Rührschüssel füllen und zugedeckt kalt stellen (am besten über Nacht).

2 Für den Rührteig Butter oder Margarine mit Handrührgerät mit Rührbesen auf höchster Stufe geschmeidig rühren. Nach und nach Zucker, Vanillin-Zucker, Salz und Rum-Aroma unterrühren. So lange rühren, bis eine gebundene Masse entstanden ist. Eigelb nach und nach unterrühren (jedes Eigelb knapp 1/2 Minute).

3 Gemahlene und gehobelte Haselnußkerne mit Backpulver mischen und portionsweise auf mittlerer Stufe unterrühren. Eiweiß steif schlagen und unter den Teig heben. Den Teig in eine Springform (Ø 26 cm, Boden gefettet, mit Backpapier belegt) füllen und glattstreichen. Die Form auf dem Rost in den Backofen schieben.

Ober-/Unterhitze: etwa 170 °C (vorgeheizt)
Heißluft: etwa 150 °C (nicht vorgeheizt)
Gas: etwa Stufe 3 (nicht vorgeheizt)
Backzeit: etwa 45 Min.

4 Den Boden aus der Form lösen, auf einen Kuchenrost stürzen, das Backpapier abziehen und den Boden erkalten lassen. Den erkalteten Boden einmal waagerecht durchschneiden.

5 Für den Belag Pfirsichhälften auf einem Sieb gut abtropfen lassen. 1/3 der Früchte in dünne Spalten, die restlichen Pfirsichhälften in grobe Spalten schneiden.

6 Die Nuß-Nougat-Sahne mit Vanillin-Zucker und Sahnesteif steif schlagen. Die Hälfte der Sahne auf den unteren Boden geben, glattstreichen und mit den dünnen Pfirsichspalten belegen (dabei 1 cm am Rand frei lassen).

(Fortsetzung Seite 68)

7 Den oberen Boden darauf legen und leicht andrücken. Die restliche Nuß-Nougat-Sahne darauf verteilen und mit einem Teelöffel kleine Vertiefungen eindrücken. Die groben Pfirsichspalten darauf verteilen und den Kuchen mindestens 2 Stunden kalt stellen.

8 Zum Garnieren Schokolade grob zerkleinern und mit Kokosfett in einem kleinen Topf im Wasserbad bei schwacher Hitze zu einer geschmeidigen Masse verrühren. Die Schokolade in einen kleinen Gefrierbeutel füllen und etwas abkühlen lassen.

9 Eine kleine Ecke des Gefrierbeutels abschneiden, lange Bahnen auf ein mit Backpapier belegtes Küchenbrett spritzen (die Schokolade sollte bereits so fest sein, daß die Bahnen nicht breit laufen) und kalt stellen.

10 Die erkalteten Schokoladenstreifen in kleine Stücke schneiden, von dem Backpapier lösen und auf den Kuchen streuen.

■ Tips:
Schneller gehts, wenn der Kuchen anstelle der selbstgemachten Schokoladenstücke mit Schokoladenraspeln garniert wird. Der Kuchen kann einen Tag vor dem Verzehr zubereitet werden.

Verdunklungskuchen

Zubereitungszeit: 30 Min.
Backzeit: 60–70 Min.

Insgesamt:
E: 69 g, F: 153 g, Kh: 870 g, kJ: 22497, kcal: 5375

Für den Rührteig:
- **100 g Butter**
- **200 g Zucker**
- **1 Pck. Vanillin-Zucker**
- **1 TL gemahlener Zimt**
- **2 Eier (Größe M)**
- **375 g Weizenmehl**
- **1 Pck. (5 g) Natron**
- **250 ml (1/4 l) dunkles Bier**
- **250 g Rosinen**
- **200 g gewürfeltes Zitronat**

Für den Guß:
- **150 g Halbbitter-Kuvertüre**

1 Für den Rührteig Butter mit Handrührgerät mit Rührbesen auf höchster Stufe geschmeidig rühren. Nach und nach Zucker, Vanillin-Zucker und Zimt unterrühren. So lange rühren, bis eine gebundene Masse entstanden ist. Eier nach und nach unterrühren (jedes Ei etwa 1/2 Minute).

2 Mehl mit Natron mischen und portionsweise auf mittlerer Stufe unterrühren. Bier, Rosinen und Zitronat zuletzt unterrühren. Den Teig in eine gefettete, mit Backpapier ausgelegte Kastenform (30 x 11 cm) füllen. Die Form auf dem Rost in den Backofen schieben.

Ober-/Unterhitze:
etwa 180 °C (vorgeheizt)
Heißluft: etwa 160 °C (nicht vorgeheizt)
Gas: Stufe 2–3 (nicht vorgeheizt)
Backzeit: 60–70 Min.

3 Den Kuchen auf einen mit Backpapier belegten Kuchenrost stürzen und erkalten lassen. Das mitgebackene Backpapier abziehen.

4 Für den Guß Kuvertüre grob zerkleinern und in einem kleinen Topf im Wasserbad bei schwacher Hitze zu einer geschmeidigen Masse verrühren. Das Gebäck damit überziehen.

Ameisenkuchen vom Blech

Zubereitungszeit: 25 Min.
Backzeit: 15–20 Min.

Insgesamt:
E: 110 g, F: 423 g, Kh: 829 g, kJ: 34323, kcal: 8198

Für den Rührteig:
- **300 g Butter**
- **300 g Zucker**
- **2 Pck. Vanillin-Zucker**
- **4 Eier (Größe M)**
- **300 g Weizenmehl**
- **3 gestr. TL Backpulver**
- **300 ml Eierlikör**
- **150 g Zartbitter-Schokostreusel**

Für den Guß:
- **200 g weiße Kuvertüre**
- **10 g Kokosfett**

- **Vollmilch- und Zartbitter-Schokostreusel**

1 Für den Rührteig Butter mit Handrührgerät mit Rührbesen auf höchster Stufe geschmeidig rühren. Nach und nach Zucker und Vanillin-Zucker unterrühren, so lange rühren, bis eine gebundene Masse entstanden ist. Eier nach und nach unterrühren (jedes Ei etwa 1/2 Minute).

2 Mehl mit Backpulver mischen, sieben und portionsweise auf mittlerer Stufe unterrühren. Eierlikör und Schokostreusel unterrühren. Den Teig auf ein mit Backpapier belegtes Backblech streichen (38 x 28 cm).

3 An der offenen Seite des Backblechs das Papier unmittelbar vor dem Teig zur Falte knicken, so daß ein Rand entsteht. Das Backblech in den Backofen schieben.

Ober-/Unterhitze:
etwa 180 °C (vorgeheizt)
Heißluft: etwa 160 °C (vorgeheizt)
Gas: Stufe 2–3 (vorgeheizt)
Backzeit: 15–20 Min.

4 Den Kuchen auf dem Blech erkalten lassen.

5 Für den Guß Kuvertüre grob zerkleinern und mit dem Kokosfett in einem kleinen Topf im Wasserbad bei schwacher Hitze zu einer geschmeidigen Masse verrühren.

6 Den erkalteten Kuchen mit gut 2/3 von dem Guß bestreichen. Den restlichen Guß auf einer Platte ausgießen, fest werden lassen und zu Locken schaben. Den Kuchen mit Kuvertürelocken und mit Schokostreuseln garnieren.

Tip:

Sie können den Ameisenkuchen auch in einer Springform (Ø 26 cm) backen. Dazu einfach die Zutatenmengen halbieren und den Kuchen bei der oben angegebenen Temperatur etwa 40 Minuten backen.

Anna

Schmandkuchen „Schwarz-

Zubereitungszeit: 30 Min.
Backzeit: etwa 50 Min.

Insgesamt:
E: 80 g, F: 266 g, Kh: 525 g, kJ: 20770, kcal: 4962

Für den Rührteig:

- **125 g Butter oder Margarine**
- **100 g Zucker**
- **1 Pck. Vanillin-Zucker**
- **1 Prise Salz**
- **1 Pck. Orangenfrucht**
- **3 Eier (Größe M)**
- **220 g Weizenmehl**
- **15 g Kakaopulver**
- **1 gestr. TL Backpulver**
- **3 EL Schlagsahne**

Für den Belag:

- **2 Dosen Mandarinen (à Abtropfgewicht 175 g)**
- **1 Pck. Pudding-Pulver Vanille-Geschmack**
- **60 g Zucker**
- **375 ml (3/8 l) Milch**
- **100 g Vollmilch-Kuvertüre**
- **250 g Schmand (Sauerrahm)**

1 Für den Rührteig Butter oder Margarine mit Handrührgerät mit Rührbesen auf höchster Stufe geschmeidig rühren. Nach und nach Zucker, Vanillin-Zucker, Salz und Orangenfrucht unterrühren, so lange rühren, bis eine gebundene Masse entstanden ist. Eier nach und nach unterrühren (jedes Ei etwa 1/2 Minute).

2 Mehl, Kakao und Backpulver mischen, sieben und abwechselnd portionsweise mit Sahne auf mittlerer Stufe unterrühren. Den Teig in eine Springform (Ø 26 cm, Boden gefettet) füllen und glattstreichen.

Weiss" mit Mandarinen

3 Für den Belag Mandarinen auf einem Sieb gut abtropfen lassen. Knapp 1/3 der Mandarinen zum Garnieren zurücklassen, die restlichen Früchte gleichmäßig auf dem Teig verteilen.

4 Aus Pudding-Pulver, Zucker und Milch nach Packungsaufschrift – aber nur mit 375 ml (3/8 l) Milch – einen Pudding zubereiten und etwas abkühlen lassen.

5 Kuvertüre grob zerkleinern und in einem kleinen Topf im Wasserbad bei schwacher Hitze zu einer geschmeidigen Masse verrühren. Den Schmand unter den Pudding rühren.

Die aufgelöste Kuvertüre unter die Hälfte der Puddingcreme rühren.

6 Die beiden Puddingcremes getrennt in kleine Gefrierbeutel füllen, jeweils eine Ecke abschneiden und abwechselnd helle und dunkle Streifen auf den Teig spritzen. Die Form auf dem Rost in den Backofen schieben.

Ober-/Unterhitze:
etwa 170 °C (vorgeheizt)
Heißluft: etwa 150 °C
(nicht vorgeheizt)
Gas: etwa Stufe 3
(nicht vorgeheizt)
Backzeit: etwa 50 Min.

7 Den Kuchen nach Beendigung der Backzeit noch etwa 10 Minuten im ausgeschalteten Backofen stehen lassen, ihn dann in der Form auf einem Kuchenrost erkalten lassen.

8 Den Kuchen aus der Form lösen und auf eine Tortenplatte legen. Den Schmandkuchen kurz vor dem Servieren mit den zurückgelassenen Mandarinen garnieren.

Hedwigkuchen

Zubereitungszeit: 40 Min.
Backzeit: 10–15 Min.

Insgesamt:
E: 92 g, F: 388 g, Kh: 684 g, kJ: 28681, kcal: 6856

Für den Biskuitteig:
- **4 Eier (Größe M)**
- **125 g Zucker**
- **1 Pck. Vanillin-Zucker**
- **125 g Weizenmehl**
- **25 g Speisestärke**
- **1 gestr. TL Backpulver**

Für den Belag:
- **4 Dosen Mandarinen (à Abtropfgewicht 175 g)**
- **2 Pck. Tortenguß, klar**
- **500 ml (1/2 l) Mandarinensaft**
- **750 ml (3/4 l) Schlagsahne**
- **3 Pck. Sahnesteif**
- **100 g gesiebter Puderzucker**
- **Saft von 1 Zitrone**

Für die Schoko-Mandel-Stücke:
- **100 g abgezogene, gehobelte Mandeln**
- **150 g Halbbitter-Kuvertüre**
- **20 g Kokosfett**

1 Für den Biskuitteig Eier mit Handrührgerät mit Rührbesen auf höchster Stufe in 1 Minute schaumig schlagen. Zucker mit Vanillin-Zucker mischen, in 1 Minute einstreuen, dann noch etwa 2 Minuten schlagen.

2 Mehl, Speisestärke und Backpulver mischen, die Hälfte davon auf die Eiercreme sieben und kurz auf niedrigster Stufe unterrühren. Den Rest des Mehlgemisches auf die gleiche Weise unterarbeiten.

3 Den Teig auf ein gefettetes Backblech (38 x 28 cm) streichen und sofort backen.

Ober-/Unterhitze:
200–220 °C (vorgeheizt)
Heißluft: 180–200 °C (vorgeheizt)
Gas: Stufe 3–4 (vorgeheizt)
Backzeit: 10–15 Min.

4 Die Biskuitplatte auf dem Blech erkalten lassen.

5 Für den Belag die Mandarinen auf einem Sieb abtropfen lassen, dabei den Saft auffangen und 500 ml (1/2 l) abmessen. Die Mandarinen auf der Biskuitplatte verteilen.

6 Tortenguß mit Mandarinensaft nach Packungsaufschrift – aber ohne Zucker – zubereiten, über die Mandarinen verteilen und fest werden lassen.

7 Sahne mit Sahnesteif und Puderzucker steif schlagen. Zitronensaft unterrühren und auf dem Mandarinenbelag glattstreichen.

8 Für die Schoko-Mandel-Stücke Mandeln in einer Pfanne ohne Fett rösten und erkalten lassen. Kuvertüre mit Kokosfett in einem kleinen Topf im Wasserbad bei schwacher Hitze zu einer geschmeidigen Masse verrühren und Mandeln untermischen.

9 Die Schoko-Mandel-Masse etwa 1/2 cm dick auf Backpapier streichen und fest werden lassen. Die Masse in Stücke brechen und auf dem Kuchen verteilen.

Tip:
Den Kuchen nach Belieben vor dem Servieren mit Kakaopulver bestäuben.

After-Eight-Gugelhupfe

(5 Stück)
Zubereitungszeit: 30 Min.
Backzeit: 25–30 Min.

Pro Stück:
E: 10 g, F: 47 g, Kh: 60 g, kJ: 3097, kcal: 740

Für den Rührteig:

- **125 g Butter**
- **75 g Zucker**
- **1 Pck. Vanillin-Zucker**
- **1 Prise Salz**
- **2 Eier (Größe M)**
- **100 g Weizenmehl**
- **2 gestr. TL Backpulver**
- **75 g After-Eight-Täfelchen**
- **50 g abgezogene, gemahlene Mandeln**

- **30 g abgezogene, gemahlene Mandeln**

Für die Füllung:

- **200 ml Schlagsahne**
- **1 Pck. Sahnesteif**
- **1 Pck. Vanillin-Zucker**
- **2 EL grüner Pfefferminz-Likör**

- **After-Eight-Täfelchen**
- **Minzeblättchen**
- **Kumquatscheiben**
- **Kirschen**
- **Puderzucker**

1 Für den Rührteig Butter mit Handrührgerät mit Rührbesen auf höchster Stufe geschmeidig rühren. Nach und nach Zucker, Vanillin-Zucker und Salz unterrühren, so lange rühren, bis eine gebundene Masse entstanden ist. Eier nach und nach unterrühren (jedes Ei etwa 1/2 Minute).

2 Mehl mit Backpulver mischen, sieben und portionsweise auf mittlerer Stufe unterrühren. After-Eight-Täfelchen grob zerkleinern und mit den Mandeln unterheben.

3 Den Teig auf 5 gefettete, mit den Mandeln ausgestreute Napfkuchenförmchen (Ø 10 cm) verteilen. Die Förmchen auf dem Rost in den Backofen schieben.

Ober-/Unterhitze:
170–200 °C (vorgeheizt)
Heißluft: 150–170 °C (vorgeheizt)
Gas: Stufe 2–3 (vorgeheizt)
Backzeit: 25–30 Min.

4 Die Gugelhupfe etwa 5 Minuten in den Formen abkühlen lassen, sie dann auf einen Kuchenrost stürzen und erkalten lassen.

5 Für die Füllung Sahne mit Sahnesteif und Vanillin-Zucker steif schlagen und den Pfefferminz-Likör vorsichtig unterheben. Die Pfefferminzsahne in einen Spritzbeutel mit Sterntülle füllen und in die Mitte spritzen.

6 Die Gugelhupfe nach Belieben mit After-Eight-Täfelchen, Minzeblättchen, Kumquatscheiben und Kirschen garnieren und mit Puderzucker bestäuben.

■ Tip:
Wenn Kinder mitessen, die Sahne anstelle von Pfefferminzlikör mit der gleichen Menge Waldmeistersirup einfärben.

Russischer Birnenkuchen

Zubereitungszeit: 35 Min., ohne Durchziehzeit
Backzeit: etwa 60 Min.

Insgesamt:
E: 95 g, F: 358 g, Kh: 684 g, kJ: 27878, kcal: 6662

Für den Belag:
- **100 ml Wasser**
- **1 EL Zucker**
- **1 Zimtstange**
- **50 ml Rum**
- **6–8 Birnen**

Für den Rührteig:
- **200 g Butter oder Margarine**
- **200 g Zucker**
- **1 Pck. Vanillin-Zucker**
- **4 Eier (Größe M)**
- **200 g Weizenmehl**
- **2 TL gemahlener Zimt**
- **1 gestr. EL Kakaopulver**
- **2 1/2 gestr. TL Backpulver**
- **125 g gemahlene Haselnußkerne**

Für die Streusel:
- **150 g Weizenmehl**
- **1 Msp. gemahlener Zimt**
- **75 g Zucker**
- **1 Pck. Vanillin-Zucker**
- **100 g weiche Butter**

1 Für den Belag Wasser mit Zucker und Zimtstange aufkochen lassen. Rum unterrühren. Birnen schälen, halbieren und entkernen. Die Birnen mit der Flüssigkeit übergießen und etwa 2 Stunden durchziehen lassen.

2 Für den Rührteig Butter oder Margarine mit Handrührgerät mit Rührbesen auf höchster Stufe geschmeidig rühren. Nach und nach Zucker und Vanillin-Zucker unterrühren, so lange rühren, bis eine gebundene Masse entstanden ist. Eier nach und nach unterrühren (jedes Ei etwa 1/2 Minute).

3 Mehl, Zimt, Kakao und Backpulver mischen, sieben und portionsweise auf mittlerer Stufe unterrühren. Haselnußkerne unterrühren. Den Teig in eine Springform (Ø 26 cm, Boden gefettet) geben und glattstreichen.

4 Die eingelegten Birnen abtropfen lassen, an der gewölbten Seite mehrmals längs einschneiden und mit der Wölbung nach oben auf den Teig legen.

5 Für die Streusel Mehl in eine Rührschüssel sieben und mit Zimt, Zucker und Vanillin-Zucker mischen. Butter hinzufügen und alle Zutaten mit Handrührgerät mit Knethaken zu Streuseln von gewünschter Größe verarbeiten.

6 Die Streusel auf den Birnen verteilen. Die Form auf dem Rost in den Backofen schieben.

Ober-/Unterhitze:
etwa 180 °C (vorgeheizt)
Heißluft: etwa 160 °C
(nicht vorgeheizt)
Gas: etwa Stufe 3
(nicht vorgeheizt)
Backzeit: etwa 60 Min.

7 Den Kuchen aus der Form lösen und auf einem Kuchenrost erkalten lassen.

Sahnige Highlights

Jegliche Gegenwehr ist zwecklos – denn diese sahnigen Köstlichkeiten lassen Sie dahinschmelzen.

Haselnuss-Sahne-Torte

Zubereitungszeit: 40 Min.
Backzeit: 20–30 Min.

Insgesamt:
E: 84 g, F: 338 g, Kh: 420 g, kJ: 21850, kcal: 5220

Für den Biskuitteig:
- **4 Eier (Größe M)**
- **3–4 EL heißes Wasser**
- **175 g Zucker**
- **1 Pck. Vanillin-Zucker**
- **100 g Weizenmehl**
- **100 g Speisestärke**
- **2 gestr. TL Backpulver**

Für den Belag:
- **3 Pck. gefüllte Haselnuß-Gebäckkugeln (à 10 Stück)**
- **600 ml Schlagsahne**
- **3 Pck. Sahnesteif**
- **2–3 Pck. Vanillin-Zucker**
- **50 g gehackte Haselnußkerne**

1 Für den Biskuitteig Eier und Wasser mit Handrührgerät mit Rührbesen auf höchster Stufe in 1 Minute schaumig schlagen. Zucker mit Vanillin-Zucker mischen, in 1 Minute einstreuen, dann noch etwa 2 Minuten schlagen.

2 Mehl, Speisestärke und Backpulver mischen, die Hälfte davon auf die Eiercreme sieben und kurz auf niedrigster Stufe unterrühren. Den Rest des Mehlgemisches auf die gleiche Weise unterarbeiten.

3 Den Teig in eine Springform (Ø 26 cm, Boden gefettet, mit Backpapier belegt) füllen und glattstreichen. Form auf dem Rost in den Backofen schieben, sofort backen.

Ober-/Unterhitze:
180–200 °C (vorgeheizt)
Heißluft: 160–180 °C (vorgeheizt)
Gas: Stufe 3–4 (vorgeheizt)
Backzeit: 20–30 Min.

4 Den Boden aus der Form lösen, auf einen mit Backpapier belegten Kuchenrost stürzen, das mitgebackene Backpapier abziehen und den Boden erkalten lassen. Dann zweimal waagerecht durchschneiden.

(Fortsetzung Seite 82)

5 Die Gebäckkugeln (12 Stück zum Garnieren zurücklassen) sehr fein hacken. Sahne mit Sahnesteif und Vanillin-Zucker steif schlagen (3 Eßlöffel der Sahne in einen Spritzbeutel mit abgeflachter Tülle geben). Die zerkleinerten Gebäckkugeln unterheben.

6 Den unteren Biskuitboden auf eine Tortenplatte legen, mit etwa 1/3 der Gebäck-Sahne bestreichen und den mittleren Boden darauf legen. Die Hälfte der restlichen Gebäck-Sahne darauf streichen und mit dem oberen Boden belegen. Tortenrand und -oberfläche mit der restlichen Gebäck-Sahne bestreichen.

7 Den Tortenrand mit Haselnußkernen bestreuen. Die Tortenoberfläche mit der Sahne aus dem Spritzbeutel verzieren und mit den zurückgelassenen Gebäckkugeln garnieren.

Maulwurftorte

Zubereitungszeit: 30 Min.
Backzeit: 20–30 Min.

Insgesamt:
E: 89 g, F: 360 g, Kh: 356 g, kJ: 21709, kcal: 5189

Für den Rührteig:
- **70 g Butter oder Margarine**
- **75 g Zucker**
- **2 Pck. Vanillin-Zucker**
- **6 Eier (Größe M)**
- **100 g gemahlene Haselnußkerne**
- **1 Pck. Backpulver**
- **100 g Schokoladenraspel**

Für die Füllung:
- **3–4 Bananen**
- **2 EL Zitronensaft**
- **500 ml (1/2 l) Schlagsahne**
- **2 Pck. Sahnesteif**
- **50 g Zucker**
- **1 Pck. Bourbon-Vanille-Zucker**
- **50 g Schokoladenraspel**

1 Für den Rührteig Butter oder Margarine mit Handrührgerät mit Rührbesen auf höchster Stufe geschmeidig rühren. Nach und nach Zucker und Vanillin-Zucker unterrühren. Eier trennen. Eigelb nach und nach unterrühren (jedes Eigelb knapp 1/2 Minute).

2 Die Haselnußkerne mit Backpulver und Schokoladenraspeln mischen und portionsweise unterrühren. Eiweiß steif schlagen und unterheben. Den Teig in eine Springform (Ø 26 cm, Boden gefettet) füllen und glattstreichen. Die Form auf dem Rost in den Backofen schieben.

Ober-/Unterhitze:
etwa 180 °C (vorgeheizt)
Heißluft: etwa 160 °C (vorgeheizt)
Gas: etwa Stufe 3 (vorgeheizt)
Backzeit: 20–30 Min.

3 Den Boden aus der Form lösen und auf einem Kuchenrost erkalten lassen. Den erkalteten Boden so aushöhlen, daß ein etwa 2 cm breiter Rand stehenbleibt.

4 Für die Füllung die Bananen schälen, waagerecht halbieren, mit Zitronensaft beträufeln und in den ausgehöhlten Boden legen.

5 Sahne mit Sahnesteif, Zukker und Bourbon-Vanille-Zucker steif schlagen. Die Schokoladenraspel unterheben. Die Sahnemasse kuppelförmig auf die Bananen streichen und mit den Gebäckkrümeln bestreuen.

Tip:
Anstelle der Bananen können für die Füllung auch gut abgetropfte Birnen aus der Dose verwendet werden.

Amerikanische Schoko-Buttercreme-Torte

Zubereitungszeit: 55 Min.
Backzeit: 45–50 Min.

Insgesamt:
E: 130 g, F: 614 g, Kh: 594 g, kJ: 36346, kcal: 8683

Für den Rührteig:
- **150 g Butter oder Margarine**
- **75 g Zucker**
- **1 Pck. Vanillin-Zucker**
- **150 g aufgelöste, abgekühlte Zartbitterschokolade**
- **2 Eier (Größe M)**
- **4 Eigelb (Größe M)**
- **150 g Weizenmehl**
- **25 g Kakaopulver**
- **1 gestr. TL Backpulver**
- **4 Eiweiß (Größe M)**
- **75 g Zucker**

Für die Buttercreme:
- **200 g Zartbitterschokolade**
- **250 g weiche Butter**
- **100 g Kokosfett**
- **5 Eier (Größe M)**
- **150 g Zucker**

1 Für den Rührteig Butter oder Margarine mit Handrührgerät mit Rührbesen auf höchster Stufe geschmeidig rühren. Nach und nach Zucker und Vanillin-Zucker unterrühren, so lange rühren, bis eine gebundene Masse entstanden ist. Schokolade unterrühren. Eier und Eigelb nach und nach unterrühren (jedes Ei bzw. Eigelb etwa 1/2 Minute).

2 Mehl, Kakao und Backpulver mischen, sieben und portionsweise auf mittlerer Stufe unterrühren. Eiweiß mit Zucker steif schlagen und unter den Teig heben. Den Teig in eine Springform (Ø 22 cm, Boden gefettet, mit Backpapier belegt) füllen und glattstreichen. Die Form auf dem Rost in den Backofen schieben.

Ober-/Unterhitze:
170–200 °C (vorgeheizt)
Heißluft: 150–170 °C (nicht vorgeheizt)
Gas: Stufe 3–4 (nicht vorgeheizt)
Backzeit: 45–50 Min.

3 Den Boden aus der Form lösen, auf einen Kuchenrost stürzen, das Backpapier abziehen und den Boden erkalten lassen. Den erkalteten Boden dreimal waagerecht durchschneiden.

4 Für die Buttercreme Schokolade grob zerkleinern, in einem kleinen Topf im Wasserbad bei schwacher Hitze zu einer geschmeidigen Masse verrühren und etwas abkühlen lassen.

5 Die Butter mit dem Kokosfett geschmeidig rühren. Die Schokolade vorsichtig unterrühren.

6 Eier und Zucker in einer Schüssel im Wasserbad in etwa 5 Minuten zu einer dicklichen Masse aufschlagen. Anschließend in etwa 5 Minuten kalt schlagen (die Masse muß wirklich kalt sein, die Creme wird sonst nicht fest) und unter die Buttermasse rühren.

7 Die Böden mit der Buttercreme zusammensetzen. Tortenrand und -oberfläche kuppelartig mit der Buttercreme bestreichen und mit Hilfe eines Teelöffels Vertiefungen eindrükken. Die Torte bis zum Verzehr kalt stellen.

Tips:
Die Torte nach Belieben mit kandierten Früchten und Schokoladenblättern garnieren (erhältlich in Konfiserie-Geschäften). Nur ganz frische Eier verwenden.

Rügener Mandeltorte

Zubereitungszeit: 30 Min., ohne Kühlzeit
Backzeit: etwa 20 Min.

Insgesamt:
E: 53 g, F: 273 g, Kh: 262 g, kJ: 16125, kcal: 3854

Für die Schokoladensahne:

- **75 g Halbbitter-Kuvertüre**
- **200 ml Schlagsahne**
- **1 Pck. Sahnesteif**

Für den Rührteig:

- **125 g Butter oder Margarine**
- **75 g Zucker**
- **1 Pck. Vanillin-Zucker**
- **2 Eier (Größe M)**
- **100 g Weizenmehl**
- **15 g Speisestärke**
- **1 Msp. Backpulver**
- **50 g unabgezogene, gemahlene Mandeln**

- **200 ml Schlagsahne**
- **1 Pck. Sahnesteif**

- **Kakaopulver**

1 Für die Schokoladensahne Kuvertüre grob zerkleinern. Die Sahne mit der Kuvertüre bei mittlerer Hitze unter Rühren erwärmen, bis sich die Kuvertüre gelöst hat. 2–3 Stunden im Kühlschrank kalt stellen.

2 Für den Rührteig Butter oder Margarine mit Handrührgerät mit Rührbesen auf höchster Stufe geschmeidig rühren. Nach und nach Zucker und Vanillin-Zucker unterrühren, so lange rühren, bis eine gebundene Masse entstanden ist. Eier nach und nach unterrühren (jedes Ei etwa 1/2 Minute).

3 Mehl, Speisestärke und Backpulver mischen, sieben und portionsweise auf mittlerer Stufe unterrühren. Mandeln unterrühren. Den Teig in eine gefettete Obstkuchenform (Ø 22 cm) füllen und glattstreichen. Die Form auf dem Rost in den Backofen schieben.

Ober-/Unterhitze: etwa 200 °C (vorgeheizt)
Heißluft: etwa 180 °C (vorgeheizt)
Gas: etwa Stufe 3 (vorgeheizt)
Backzeit: etwa 20 Min.

4 Den Tortenboden auf einen Kuchenrost stürzen und erkalten lassen.

5 Die Sahne mit Sahnesteif und die Schokoladensahne mit Sahnesteif getrennt steif schlagen. Schokoladensahne auf dem Tortenboden verteilen und glattstreichen. Die helle Sahne darauf verteilen und mit Hilfe eines Eßlöffels wolkenartig verzieren.

6 Die Torte etwa 30 Minuten kühl stellen. Vor dem Servieren mit Kakao bestäuben.

Tip:
Nach Belieben vor dem Bestreichen mit der Sahne Preiselbeeren (aus dem Glas) auf dem Tortenboden verteilen.

Mousse-au-Chocolat-Torte

Zubereitungszeit: 60 Min.
Backzeit: 35–45 Min.

Insgesamt:
E: 167 g, F: 466 g, Kh: 699 g,
kJ: 33490, kcal: 8003

Für den Knetteig:
- **125 g Weizenmehl**
- **50 g Zucker**
- **1 Pck. Vanillin-Zucker**
- **1 Prise Salz**
- **75 g Butter**

Für den Biskuitteig:
- **4 Eier (Größe M)**
- **125 g Zucker**
- **1 Pck. Bourbon-Vanille-Zucker**
- **100 g Weizenmehl**
- **15 g Kakaopulver**
- **1/2 gestr. TL Backpulver**
- **50 g zerlassene, abgekühlte Butter**
- **100 g unabgezogene, gehackte Mandeln**

- **250 g Pflaumenmus**

Für die Füllung:
- **4 Blatt weiße Gelatine**
- **150 ml Milch**
- **150 g weiße Schokolade**
- **500 ml (1/2 l) Schlagsahne**
- **50 g unabgezogene, gehackte Mandeln**
- **150 g weiße Schokolade**
- **Kakaopulver**

1 Aus Mehl, Zucker, Vanillin-Zucker, Salz und Butter einen Knetteig zubereiten (genauere Anleitung siehe Seite 26).

2 Den Teig auf einem gefetteten Springformboden (Ø 26 cm) ausrollen und mehrmals mit einer Gabel einstechen. Den Springformrand um den Boden legen. Die Form auf dem Rost in den Backofen schieben.

Ober-/Unterhitze:
etwa 200 °C (vorgeheizt)
Heißluft: etwa 180 °C (vorgeheizt)
Gas: etwa Stufe 4 (vorgeheizt)
Backzeit: etwa 15 Min.

3 Den Boden sofort nach dem Backen vom Springformboden lösen, aber darauf erkalten lassen.

4 Für den Biskuitteig Eier mit Handrührgerät mit Rührbesen auf höchster Stufe in 1 Minute schaumig schlagen. Zucker mit Vanille-Zucker mischen, in 1 Minute einstreuen, dann noch etwa 2 Minuten schlagen.

5 Mehl, Kakao und Backpulver mischen, portionsweise auf die Eiercreme sieben und kurz auf niedrigster Stufe unterrühren. Butter zuletzt unterrühren.

6 Den Teig in eine Springform (Ø 26 cm, Boden gefettet, mit Backpapier belegt) füllen und mit Mandeln bestreuen. Die Form auf dem Rost in den Backofen schieben und sofort backen.

Ober-/Unterhitze:
etwa 180 °C (vorgeheizt)
Heißluft: etwa 160 °C (vorgeheizt)
Gas: etwa Stufe 3 (vorgeheizt)
Backzeit: 20–30 Min.

7 Den Biskuitboden aus der Form lösen, auf einen Kuchenrost legen, das Backpapier abziehen und den Boden erkalten lassen. Den erkalteten Biskuitboden einmal waagerecht durchschneiden.

8 Knetteigboden auf eine Tortenplatte legen, mit 100 g von dem Pflaumenmus bestreichen und mit unterem Biskuitboden bedecken. Einen Tortenring darumstellen.

9 Für die Füllung Gelatine nach Packungsaufschrift einweichen. Die Milch zum Kochen bringen, von der Kochstelle nehmen und die Schokolade unter Rühren darin auflösen. Die ausgedrückte Gelatine hinzufügen und ebenfalls

(Fortsetzung Seite 90)

unter Rühren darin auflösen. Die Schokoladenmilch etwas abkühlen lassen. Sahne steif schlagen. Wenn die Schokoladenmilch anfängt dicklich zu werden, die Sahne unterheben.

10 Die Hälfte der Creme in den Tortenring streichen, mit Mandeln bestreuen, mit dem oberen Biskuitboden bedecken und mit der restlichen Creme bestreichen. Die Torte mindestens 2 Stunden kalt stellen.

11 Den Tortenring mit Hilfe eines Messers lösen. Das restliche Pflaumenmus durch ein Sieb streichen und den Tortenrand damit bestreichen.

12 Schokolade grob zerkleinern, in einem kleinen Topf im Wasserbad bei schwacher Hitze zu einer geschmeidigen Masse verrühren, auf ein Stück Backpapier streichen und fest werden lassen. Unterschiedlich große Sterne ausstechen und an den Tortenrand und auf die Torte legen. Die Torte mit Kakao bestäubt servieren.

Lambadaschnitten

Zubereitungszeit: 30 Min.
Backzeit: etwa 10 Min.

Insgesamt:
E: 57 g, F: 172 g, Kh: 511 g, kJ: 16447, kcal: 3935

Für den Biskuitteig:
- **4 Eier (Größe M)**
- **4 EL heißes Wasser**
- **150 g Zucker**
- **1 Pck. Vanillin-Zucker**
- **80 g Weizenmehl**
- **80 g Speisestärke**
- **2 1/2 gestr. TL Backpulver**

- **150 ml Orangensaft**

Für die Orangencreme:
- **2 Pck. Pudding-Pulver Vanille-Geschmack**
- **50 g Zucker**
- **850 ml Orangensaft**
- **400–500 ml Schlagsahne**
- **Schokoladenornamente**

1 Für den Biskuitteig Eier und Wasser mit Handrührgerät mit Rührbesen auf höchster Stufe in 1 Minute schaumig schlagen. Zucker mit Vanillin-Zucker mischen, in 1 Minute einstreuen, dann noch etwa 2 Minuten schlagen.

2 Mehl, Speisestärke und Backpulver mischen, die Hälfte davon auf die Eiercreme sieben und kurz auf niedrigster Stufe unterrühren. Den Rest des Mehlgemisches auf dieselbe Weise unterarbeiten.

3 Den Teig auf ein gefettetes, bemehltes Backblech (38 x 28 cm) streichen. Das Backblech in den Backofen schieben.

Ober-/Unterhitze:
200–220 °C (vorgeheizt)
Heißluft: 180–200 °C (vorgeheizt)
Gas: Stufe 3–4 (vorgeheizt)
Backzeit: etwa 10 Min.

4 Den Biskuit sofort mit Orangensaft tränken und auf dem Blech erkalten lassen.

5 Für die Orangencreme aus Pudding-Pulver, Zukker und Orangensaft nach Packungsaufschrift – aber mit den hier angegebenen Zutaten – einen Pudding zubereiten, ihn noch warm auf den Biskuitboden streichen und erkalten lassen.

6 Die Sahne steif schlagen, auf den Pudding streichen und mit Schokoladenornamenten garnieren.

Cappuccino-Tupfen-Torte

Zubereitungszeit: 35 Min.
Backzeit: 25–35 Min.

Insgesamt:
E: 50 g, F: 258 g, Kh: 338 g,
kJ: 16758, kcal: 4005

Für den All-in-Teig:

- **100 g Weizenmehl**
- **25 g Speisestärke**
- **3 gestr. TL Backpulver**
- **125 g Zucker**
- **1 Pck. Vanillin-Zucker**
- **1 Prise Salz**
- **125 g weiche Butter oder Margarine**
- **3 Eier (Größe M)**
- **1 Pck. Orangenfrucht**

Für den Belag:

- **1 Dose Mandarinen (175 g Abtropfgewicht)**
- **400 ml Schlagsahne**
- **2 Pck. Sahnesteif**
- **2 Pck. Vanillin-Zucker**
- **2 Beutel (à 10 g) Cappuccino-Pulver**

- **30 g Zartbitterschokolade**

1 Für den All-in-Teig Mehl, Speisestärke und Backpulver mischen und in eine Rührschüssel sieben. Die übrigen Zutaten hinzufügen und alles mit Handrührgerät mit Rührbesen zunächst auf niedrigster, dann auf höchster Stufe in etwa 2 Minuten zu einem glatten Teig verarbeiten.

2 Den Teig in eine Springform (Ø 26 cm, Boden gefettet, mit Backpapier belegt) füllen und glattstreichen.
Die Form auf dem Rost in den Backofen schieben.

Ober-/Unterhitze:
etwa 170 °C (vorgeheizt)
Heißluft: etwa 150 °C
(nicht vorgeheizt)
Gas: etwa Stufe 3
(nicht vorgeheizt)
Backzeit: 25–35 Min.

3 Den Boden aus der Form lösen und auf einen mit Backpapier belegten Kuchenrost stürzen, das mitgebackene Backpapier abziehen und den Boden erkalten lassen.

4 Für den Belag Mandarinen auf einem Sieb gut abtropfen lassen. Sahne zunächst 1 Minute schlagen. Sahnesteif, Vanillin-Zucker und Cappuccino-Pulver mischen, die Sahne hinzufügen und steif schlagen.

5 Die Cappuccino-Sahne in einen Spritzbeutel ohne Tülle füllen und in Tupfen dicht an dicht kreisförmig auf den Boden spritzen. Die Mandarinen darauf verteilen.

6 Die Schokolade in einem kleinen Topf im Wasserbad zu einer geschmeidigen Masse verrühren. Die Schokolade in einen Gefrierbeutel füllen, eine kleine Ecke abschneiden und die Torte mit der Schokolade besprenkeln (oder die Schokolade mit einem Teelöffel auf die Torte sprenkeln).

Tips:
Den Boden nach Belieben mit in heißem Wasser angerührtem Cappuccino-Pulver tränken.
Anstelle von Cappuccino-Pulver und Sahnesteif kann die Sahne auch mit 1 Päckchen Instant-Saucenpulver Vanille-Geschmack und 1 Päckchen Vanillin-Zucker steif geschlagen werden.

Kapitelregister

Freche Früchtchen

Hits für Kids

Kalte Köstlichkeiten

Torten mit Schwips

Kuchen-Versuchungen

Sahnige Highlights

Alphabetisches Register

Die Ratschläge in diesem Buch sind von Autor und Verlag sorgfältig erwogen und geprüft, dennoch kann eine Garantie nicht übernommen werden. Eine Haftung des Autors bzw. des Verlags und seiner Beauftragten für Personen-, Sach- und Vermögensschäden ist ausgeschlossen.

Bitte beachten Sie bei Gasherden die Gebrauchsanweisung des Herstellers. Bei den Zubereitungszeiten handelt es sich um reine Arbeitszeiten.

Umwelthinweis Dieses Buch wurde auf chlorfrei gebleichtem Papier gedruckt.

ISBN 3 8094 1810 2

Wir danken für die freundliche Unterstützung
Gabriele Fiedler PR, Hamburg
Ketchum Public Relations, München
The Food Professionals Köhnen GmbH, Sprockhövel
Ute Middelmann PR, Hamburg
allen Verbraucherinnen, die uns Rezepte zur Verfügung gestellt haben.

Redaktion Eva-Maria Dammeier
Redaktion dieser Ausgabe Anja Halveland

Innenfotos Brigitte Wegner, Bielefeld
Kramp & Gölling, Hamburg
Redaktion City Food & Foto, Hamburg

Foodstyling Eike Upmeier-Lorenz, Herford
Requisite Karin Knull, Bielefeld

Grafisches Konzept Björn Carstensen, Hamburg
Gestaltung GDH Haselhorst, Bielefeld
Einbandgestaltung Atelier Versen, Bad Aibling

Reproduktionen Mohndruck Graphische Betriebe GmbH, Gütersloh

Satz adrupa, Paderborn
Satz dieser Ausgabe Filmsatz Schröter, München

Druck Těšínská tiskárna Český Těšín

Printed in the Czech Republic

817 2635 4453